余生，你要活得贵一些

Treasure yourself in the rest of your life

读者君 编著

中国工人出版社

目　录

Part 1
与自己·说说话篇：
一个人对待生活的态度，藏着她的未来

Part 2
与他人·盘盘道篇：
为人处世，你不得不学的道理

Part 3

与家人·谈谈心篇：

最好的自己，要留给最亲的人

Part 4
与爱的人·聊聊世界篇：
与爱的人紧握双手在一起，才叫生活

Part 1

与自己·说说话篇：

一个人对待生活的态度，藏着她的未来

凡事提前5分钟，结果大不相同

之 歌

晚几分钟，差别真的很大

前两天，闺密向我抱怨，她上班又迟到了。

这已经是她本月第四次迟到了，每次都是慌慌张张地冲进办公室打卡，一上午的工作也是手忙脚乱，频频出错，领导看她的眼神都带着点儿不满。

我问她为什么会迟到，她仔细回忆了一下，解释道：

> 真不怪我呀，每次都是有特殊情况！第一次是因为发现手机落在了家里，出了门又回家去拿，浪费了几分钟；第二次是因为早晨起床时室友占着洗手间，没法洗漱，耽误了几分钟；第三次是因为公交迟迟不来，比平时多等了几分钟；第四次是因为公司楼下的电梯坏了，多花了几分钟爬楼梯。

我一听，不禁疑惑，每次耽误的都仅仅是几分钟，为何会导致迟到呢？原来，她为了多睡一会儿，把早上的时间安排得特别紧张，满满登登，不到最后时刻不起床。接下来上厕所、刷牙、洗脸、化妆、出门、等车都像在打仗一样。所以不论是哪个环节出了问题，马上就会影响上班时间。而这样惊心动魄的早晨，换来的，也只不过是她在床上多睡了 10 分钟而已。

在现实中，很多人都会遇到这样的问题：

公交车已经缓缓驶出站台，晚到几分钟的你才气喘吁吁地跑进车站；打卡的时间马上要到了，楼下的电梯前却大排长龙，迟迟轮不到你；已经到了约定的时间，朋友在包厢里等了许久，你却被红灯和车流堵在路上……

本想“从容优雅”，结果却变成了“兵荒马乱”。

不得不承认，早几分钟和晚几分钟，差别真的很大！

与其让人等，不如提前 5 分钟

为了贪图一时的安逸而把时间安排得很紧张，总想拖到最后一秒再行动，最后却因为那几分钟的时间差耽误了太多事情。仔细想想，真是得不偿失。

在微博上，曾经看到过一个女孩吐槽自己的相亲经历。

她说，自己曾和很多男生相过亲，而在记忆中，遇到最差劲的，就是一个在相亲当天迟到的男生。当天，他们约好晚上 7 点半在一家餐厅见面，女孩的公司就在附近，而男生稍远一些，需要搭乘交通工具才能到。女孩 7 点下班时，礼貌性地打电话问了一下男生到哪了，没想到男生说：“我刚刚用手机地图查了，过去只需要20分钟，现在还早，我10分钟后再出门就好。”

结果7点半到了，男生又打来电话：“对不起啊，路上有点堵，你再等我5分钟，我马上就到……”男生还没说完，她就平静地挂断了电话，同时也在心里彻底拉黑了这个男生。

后来，女孩和另外一个男生相亲，还是约7点半在同一家餐厅。当她7点左右走到餐厅时，男生已经抱着一小束花在门口等她了。更令她惊喜的是，男生提早研究了餐厅的菜谱，又打听了她的口味订了餐，预约了靠窗的座位。她开心地问男生是什么时候到的，怎么能准备得这么周全。男生腼腆地笑着说：“位子是昨天订好的，我就早来了5分钟，看到这边有个小花店，就想买一束花送给你。”女孩对他的印象非常好，后来，他们相谈甚欢，感情也迅速升温，一年之后，顺利走进了婚姻的殿堂。

也许有人会说，就为了几分钟而否定一个人的真心，太过片面了。但约会守时本就是一种基本的礼貌，更何况是相亲这种极其重视“第一印象”的场合。倘若一个人懒懒散散，连最起码的守时都做不到，又怎能指望他获得别人的青睐呢？

在约会中早到几分钟，不仅能体现对对方的重视，还能体现一个人自律、守时、有责任心、思虑周全的好品质。去见一个重要的人，就要考虑周到，与其让人等待，不如提前5分钟先到！

提前 5 分钟，人生更成功

有句古训说得好："凡事预则立，不预则废。"

意思就是说，在生活中，无论做什么事，如果提前做准备，提前规划，事情的成功率就会大幅提高。而如果不加以规划和准备，那么这件事情大概率就会失败。

多年蝉联我国香港首富宝座的李嘉诚，少年时曾在一家茶楼当跑堂伙计。当时，茶楼的伙计们每天上班的时间是清晨5点。因为上班时间太早，其他人多多少少都会迟到，但 14 岁的李嘉诚却从来都会在 5 点之前赶到茶楼。原来，他为了早起，把闹钟拨快了几分钟，每天都是最早赶到茶楼的一个。

成为香港首富后，李嘉诚仍然保持着自己的习惯，他的手表仍然要比别人快几分钟。正是这一微小的习惯，让他日渐优秀，从普通人中脱颖而出，取得了丰硕的成果。

俗语有言：机会留给有准备的人。

想要办成一件事，与其慌慌张张、紧赶慢赶，不如稍稍提前 5 分钟，你会发现，这两种习惯所带来的人生截然不同。

凡事提前 5 分钟，不仅仅是一种守时的品格，还代表了一种"未雨绸缪"的智慧。

听一个做 HR 的朋友跟我说，他们的领导之所以那么厉害，秘诀就是每天早晨早到几分钟。她说，经过观察，她发现领导每天来得都比大部分员工早，有时几乎是最早到公司的。到公司后，他会先把自己的办公桌收拾得井然有序，然后给自己冲一杯咖啡，一边喝咖啡一边回复一些工作邮件，接着他会整理一些当天的待办事项。等他的准备工作都做完，一些员工才陆续进入办公室。在别人打开电脑的时候，领导已经进入高效办公的阶段了。

朋友感叹：

> 难怪年末总结大家都手忙脚乱的时候，领导的工作效率还是那么高。原来大神和普通人的差距，就是那几分钟而已……

5分钟，虽然看起来很短暂，似乎什么都做不了，但将无数个5分钟积累起来，却能带来不可思议的能量。有人曾说："零星的时间，如果能敏捷地加以利用，可成为完整的时间。所谓积土成山是也，失去一日甚易，欲得回已无途。"

想拥有美好的人生，其实并不艰难，其秘诀就在于"凡事提前5分钟"！

提前5分钟起床，给自己做一顿简单的早餐，听着新闻不慌不忙地吃完，然后踩着轻快的步子到达车站，这将会是一天好心情的开始；提前5分钟等车来，你可以步伐从容地上车，也许还能找到一个座位，坐下来刷刷手机、看看书，不用为每一次红灯耽误的十几秒而心焦；提前5分钟上班，收拾好自己的办公桌，准备好要用的文件，列好今天的工作清单，这些都能够帮助你更快地进入高效率的工作状态；提前5分钟到达约会地点，你可以找个洗手间仔细整理一下衣服上的褶皱和脸上的妆容，朋友来的时候，会看到你更加自信、优雅的笑容。

短短5分钟，看上去微不足道，但却能从点滴改变你的生活。

很多时候，获得幸福和成功，并不需要你做多么惊天动地的事情。只需要你在日常生活中努力一点点，哪怕只是细微的进步，就可以让你走在别人的前面，走在时间的前面。想拥有美好从容的人生，请记住“凡事提前5分钟”！

将每一个“5分钟”积累起来，定会让你受用无穷……

人生最高级的活法：算了吧，没关系，会过去

张牧野

无论冬天多么漫长，春天总会来到。

人生，说到底活得就是心态。有人心态好，即便是在缝隙里，也能看到阳光。有人心态就没那么好，经常为了一点小事而忧心，闷闷不乐、郁郁寡欢。不同心态的人，最后面对的是截然不同的结局。在我看来，人生最高级的活法无非九个字：算了吧，没关系，会过去。

算了吧

朋友小A和男朋友分分合合纠缠了整整两年，两个人都身心俱疲。其实，两个人性格并不合拍，感情在很久之前就已经耗尽了。只是他们都不愿意承认这个事实，以爱的名义彼此折磨。后来，小A心一狠说，我们不要再互相伤害了，算了吧，分开吧。分手以后，小A一开始很痛苦，可随着时间的流逝，整个人逐渐变得阳光起来。

后来，我和她聊天，她说，在这段感情里，本以为会被自己的坚持所感动，但事实并不是这样的，当时选择不较劲，洒脱地走开才是最好的结果。

周国平说，人生要有不较劲的智慧。

“算了吧”，不是委曲求全，是不想把时间和精力浪费在不必要的事情上。

詹青云在《奇葩说》说过一句振聋发聩的话：放下从来不是成长的代价，放下就是成长本身。属于你的东西，兜兜转转总会来到，不属于你的，再怎么挣扎都是徒劳。

看到过这样一个小故事：小学徒出门取货被路上的流浪狗咬了，回来包扎好伤口后，小学徒找了根竹竿，准备出门去打狗。出门时，刚好被师傅撞见了，师傅就问他，你的伤口还疼吗？

小学徒摇摇头说，不疼了。

师傅说，既然不疼了，为什么还要去打狗？

小学徒说，它咬了我，我得去教训它一顿。

师傅说，你知道狮子为什么从来不和狗打架吗？

小学徒怔怔地愣在那里，不知该如何作答。

师傅笑着说：“因为不是谁都配做狮子的对手，打败一只狗并不光荣，但被狗咬到一口却很倒霉。狮子不和狗较劲，这是原则，更何况你是人，跟一只狗计较个啥啊？”

生活中，我们难免会遇到不合拍的人，不如意的事，你可以去跟它纠缠，可纠缠的结果呢？只会让你越发糟心，浪费你更多的时间和精力，并不会从中得到一丝一毫的好处。

所以，遇到这样的事、这样的人，不妨大度一点，算了吧。

没关系

作家麦家的父亲是个粗暴的人，经常对童年的麦家拳脚相加。麦家憎恨父亲，也厌恶故乡。毕业后工作调动了十几个城市，麦家没有回过家乡，也没有想过见父亲一面。

直到父亲晚年生病，他才尝试着从内心谅解父亲，并且第一次踏上了回乡的旅程。可是，当他回到家乡后，父亲患了健忘症，已经不认识他了。父亲去世后，麦家经常在父亲的坟前朗读自己的作品，试图通过这样的方式得到内心的救赎，也得到父亲的谅解。如果麦家在更早的时间去面对父亲，能说出一句，没关系，都过去了。或许，就不会有后来的遗憾和悔恨。

蔡康永在《奇葩说》里说过：世间所有的原谅，到头来，其实并不是真正的原谅了，而是选择放过自己。

没关系，不但是选择跟过去伤害过我们的人和事和解，也是对待生活的一种豁然。很多时候，我们不快乐，是想要的太多，或者是攀比造成的。看着别人起高楼宴宾客，自己却身处阴沟，我们会焦虑。没关系，每个人来到世界的那一刻，命运就是不公平的，我们得接受这个事实。看着别人升职加薪，自己依然原地踏步、毫无起色，我们会绝望。没关系，只要我们选择了努力和坚持，历经风雨，依然热爱生活，生命就不算虚度。没关系，不要羡慕别人拥有的，想要的那些东西，经过努力，一定会慢慢得到。没关系，我们来到世间，不是来和别人对比的，而是要活出自己。

人终究是一边往前走，一边与过去和解，一边遇到更好的自己。

没关系，是对伤害过自己的人的一种宽容，也是对苦难的一种释然。

会过去

梁静茹演唱的歌曲《会过去的》里有这样一句歌词：

离开很不舍得，以为会崩溃的，却在最痛的时刻，最感觉清澈，什么都会过去的。

网友分享过一个自己的故事：

在她本科毕业准备考研时，因为忙于学习疏忽了跟男朋友的来往，男朋友提出了分手。分手以后，她便把所有的时间和精力都放在了学习上，势在必得。可是，随之而来的一个变故，又成了压在她肩上的重担——母亲检查出了癌症。

一面是失恋，一面是母亲重病，再加上考研的压力，那段时间是她人生的至暗时刻。无数次，她找不到坚持下去的动力，想要放弃，是父亲一直在安慰她。无论是失恋，还是母亲生病，都成了既定的事实，没有办法改变。可站在人生的路口，错过了就是错过了，她的人生才刚开始。那段时间，她一直告诉自己，一切都会过去的，会好起来的。

顶着压力，她顺利考上了研究生，母亲的病也因为医治及时，手术后好转了很多。现在她已经博士毕业了，回想起那段时间，依然记忆犹新，觉得当时的自己真的快要坚持不下去了，可熬过去了，一切也真的都变好了。

普希金说：一切都是瞬间，一切都会过去，而那过去了的，都会成为美好的回忆。

给自己多一点时间，没有什么是过不去的，只是我们都需要一点时间。那些至暗时刻，疼痛到要窒息，困难到寸步难行，可坚持走过去了，现在回想起来，也觉得不过如此，甚至都有点怀念。

人世间的事往往如此，当时提起痛不欲生，几年之后，也不过是一场回忆而已。人，到了最后，记住的、怀念的往往都是疼痛时的日子。人生的意义就是体验，不要害怕，尽情去做，全心感受，成功的人生大概都充满了各种各样的体验。

如果你正身陷困顿，别放弃，一切都会过去，会好起来的；如果你正身处欢悦，别自满，一切都会过去，会变成过眼云烟；如果你正身陷悲伤，别气馁，一切都会过去，阳光总在风雨后。

不管好的坏的，一切都会过去的，你要往前看，别怀念，别留恋，别放弃。记住该记住的，忘记该忘记的，一切都是最好的安排。一切都会过去的，无论曾经多么刻骨铭心，无论多么爱，无论多么痛，都会被时间冲淡。

黑暗让人恐怖，但光来了它就不见了。

无论冬天多么漫长，春天总会来到。

读书和不读书的人，到底差在哪里

塞　柏

常常看到有文章在问：读书和不读书的人，到底差在哪里？

或许，从许知远的故事里，我们可以更好地找到这个答案。

读书的人，始终很有趣

有人问：读了很多书，但都忘掉了，那读书的意义在哪里？

采访许知远的时候，第一个问题就问了这个，实在是因为好奇。

一方面是因为一走进他的办公室，放眼看到的都是书。狭长的空间里，短的两边一面是窗户，一面是门和沙发，而长的两边都是快要顶到房顶的书架。书架上摆满了书，甚少有空隙，而且书基本上半旧不新，一看就是翻看了很多遍。

另一方面是最近在读他的新书《游荡集》，特别惊奇他为什么可以记住那么多东西。各种典故，各国历史，好像都熟稔于心，绝不是单凭百度就能做到的。

许知远说，自己也会忘，但是读过的书，并不会全然忘掉，有时候它会莫名浮现。

比方说，他有次夜晚在横滨的海边散步，忽然听到一个歌手在唱《夏日终结》。“远处有轮船的光亮，风吹过来，那个时候觉得很诗意，很舒适，在背后不远的地方就有一个很大的中华街。那时候我忽然想起当年孙中山、梁启超就是在这里面闲逛，那一刻的时空是交错的，我特别喜欢这样的时刻。”

这大概就是读书的意义，它就像你小时候吃过的每一顿饭。如今已经记不清到底吃了些什么，但可以肯定的是，它们中的一部分，已经长成了我们的骨肉和血。读书也是，明明已经不记得了，却在某个时刻一股脑地涌现，于是：见到大漠的时候，会想起“大漠孤烟直，长河落日圆”；在香港旅游的时候，会想起张爱玲笔下的《倾城之恋》；站在拉萨八廓街的时候，会想起仓央嘉措当年是不是就在这儿，发出了那句感叹“住进布达拉宫，我是雪域最大的王。流浪在拉萨街头，我是世间最美的情郎”……

所以和爱读书的人一起聊天、旅游，绝对不会无聊。当旁人感叹，这风景多美多美的时候，腹有诗书的人会跟你聊这儿的前世今生，跟你聊谁在这儿发生过什么……

这就是有趣的灵魂，跟这样的人在一起，每一天都是新鲜的。

读书的人，没那么焦虑

曾经看到过一个段子，一个正在刷手机的人被问道："你多久没有阅读了？"这个人朝着摄像机亮了亮手中的手机，反问道："这难道不是阅读吗？"如果你能静下心来去读一本书，你会发现相比碎片化阅读，认真去读一本书，更能抚慰我们浮躁的内心。

采访中，许知远也说道：如果你注意看的话，专注使人幸福，包括跑步也能使人专注，当你读书的时候其实内心是很安静、很镇定的。

现在的年轻人心里普遍都是慌慌张张的，是因为没有专注的时间，一直不断地被打断，所以你是不稳固的，特别需要关注外界在发生什么变化。当一个人内在相对稳定的时候，他就不那么在乎外界的变化了。

为什么会焦虑？为什么会迷茫？是因为我们花了太多时间去关注别人的世界，而忘了理清自己的道路。

一直以来，无论是做《十三邀》，开书店，还是写作，许知远老师似乎总是游走在大众审美的边缘。

当这个时代中，绝大多数人忙着取悦用户的时候，他冷静地做起了严肃的《十三邀》，不停地发问，不怕冷场的质疑，他想通过这些公众人物的影响和力量，让人们在娱乐的同时还能有一份清醒，能深度思考；当人人忙着赚钱的时候，他还留存一份天真，开的单向空间书店只摆自己真心喜欢的书；当读者开始功利化阅读的时候，他却开始写《青年变革者：梁启超（1873—1898）》，还说余生最大的愿望就是写完有关梁启超的三卷书。

他是一个逆流而上的人，却没有丝毫的慌张。

我问他，会不会担心自己的作品不被大众喜欢。他毫不在意地说，我写作的时候不想读者。因为内心坚定，所以才能淡然处之。因为一直走在自己的路上，所以不会焦虑。

读书，就是一个见自己、见天地、见众人的过程，当你见过得足够多了，也就能找到自己的路了。

读书的人，心态年轻

当问到未来的打算时，许知远说，自己还有很多很多想去尝试的事情，拍电影、开一个酒吧、去一切还没有去过的地方。

同事反问他，难道不会担心年龄吗？

他却说："我觉得只有创造力弱、情感匮乏的时代，才喜欢用年龄来衡量人。我们不要做这样的人，非常单调，要用你的创造力、用你的审美、用你的精神追求来确定你是什么样的人，而不是用年龄来确定你是什么样的人。"

或许在年龄上，他已不再年轻，但是内心的追求，让他始终拥有少年般的热血，这才是真正的年轻。

林清玄说过：三流的化妆是脸上的化妆，二流的化妆是精神的化妆，一流的化妆是生命的化妆。

读书就是生命的化妆，随着时间流逝，容颜会枯萎，但融在血液里的知识，刻在骨子里的精神世界永远不会老去。它像一颗茁壮的大树，只要你还在汲取新鲜的事物，它就会一直成长。

《十三邀》中印象最深的是采访二次元爱好者的那期。以许知远的年龄，二次元的世界离他可以说是很遥远了，但是读书人的敏锐、心态，可以让他理解和接受这些不一样的少年。

我们常说一个人老了，其实是在说这个人的思维老了，把自己锁在一个房间里出不来了，但是读书人的世界永远是敞开的。

他们接受新事物，也挑剔新事物，有自己的看法，有自己的追求，永远站在起跑线上，从零开始，准备新的征途。

就像白岩松说的：

阅读能够使你的知识和感悟系统化，呈现一个生长的态势，让生命变得更加生机勃勃。

之前有个很火的 TED 演讲——“不读书的人到底输了什么？”

演讲的姑娘在发现自己书架上的书基本都是英国和北美作者写的之后，便做了一个惊人的计划。她罗列了世界上近 200 个国家，然后尝试去阅读这些国家的作者写的书。因为语言不通，她在博客上求助，吸引了一大批人来帮助她。一年的时间，她结交了世界不同地方的朋友，也接触了不同国家的文化。

演讲中，她感慨地说："一年的阅读暴露了我看待世界的盲区，读书让我明白了自己的孤陋寡闻，让我对自己的不足之处时刻保持谦虚的态度，更打开了我的视野。在来自不同国家，不同的文化和价值观的冲突中，我的思想变得更加清晰。"

读书和不读书，一天两天，是看不出来差别，但一年两年，人和人呈现出来的精神面貌是不一样的。如果你从今天开始阅读，坚持每天阅读一小时，一年后，肯定能收获一个不一样的自己。那五年、十年，就可能过上与现在迥然不同的生活。

讨自己开心，才是最好的情绪处理法

张牧野

生活已经很难了，开心一点吧

在重庆，一位中年大叔蹦蹦跳跳下班的照片曾被刷爆屏。他叫杨才明，是个木工。

这活既是手艺活，也是体力活。早晨五点起床，几百个工人集聚在集装箱式样的工地宿舍里，环境破败又凌乱；经常在钢管、钢筋中穿梭，衣服上都是破洞，几乎没有一件完整的衣服；从不放过任何一个加班机会，工作量不比年轻人少。在被拍下照片的那天，他既没有发工资，也没有中彩票。只是觉得下班了，该放松一下精神，改变一下心情，蹦蹦跳跳舒服一点。

毫不夸张地说，我看到这张照片的时候，深受触动，眼泪一下子就出来了。网友看后大呼：这位开心的大叔，蹦出了生命应有的样子。

一个人的内心得有多健康、乐观，才会在辛苦劳作了一天后，依然能蹦蹦跳跳。杨才明说："辛苦是人生的本色，再辛苦再累，只要开心就好了。”

从艰难的生活中，依然能寻找到一种快乐，这比做了惊天动地的事更让人感动。

罗曼·罗兰说：“世界上只有一种真正的英雄主义，那就是认清生活真相依旧热爱生活。”

我认识一个女生，在北京租了一间只有十几平方米的房子。地上铺了地毯，窗台上养了绿植，墙壁上悬挂着她自己画的画，还买了各种吊件、彩灯和装饰品，房间被她收拾得既温暖又精致。其实她工作很忙，早出晚归，房间只不过是用来睡觉的地方。有朋友劝她，没必要这么整顿，毕竟房子只是租来的，住不了多久的。她却说，白天那是为了谋生而工作的我，晚上那是为了生活而生活的我。我希望下班以后，拖着疲惫的身躯回来，推开门，能让自己开心一点。

房子是租来的，但生活是自己的。每次看她朋友圈发的绿植照片，我都觉得那些植物很有生命力。这种生命力，更多的是她对待生活的热爱和积极。

你对待生活的态度，决定了你快乐的程度。

取悦自己，是一种能力。

既然生活已经很难了，不妨想方设法让自己开心一点。

别让烂事烂人，影响了你的心情

有律师讲过这样一个故事：

男人和女人因为婚姻破裂，双方提出离婚，最后婚的确是离了。可女人得知，没有离婚以前，男人问她的亲戚借过2万块钱。去要钱的时候，男人死活不承认，女人一气之下把男人告上了法庭。因为没有借条，也没有转账记录，女人败诉了。为了出这口气，女人又上诉，又败诉，因为2万块钱，折腾了整整5年。女人原是一家知名广告公司的客户经理，每个月工资就有2万块钱。可就是因为咽不下这口气，整天纠缠在这件事上，非要放弃好端端的工作和生活。

有一句话说，当你凝视深渊的时候，深渊也在凝视你。

如果你和烂事纠缠在一起，那你的心情永远是糟糕的，永远不会得到快乐。

《陆象先传》有言：世上本无事，庸人自扰之。

很多时候，我们不快乐，是因为在烂事上计较了太多，反而迷失了自己。

一个真正懂得取悦自己的人，一定不会在烂事上过分纠缠，因为这会影响他的心情。

有一次，作家莫言请客吃烤鸭，大家都吃饱后，烤鸭还剩了不少。莫言心想，这不是浪费嘛。于是，就一直吃，没有停。有人就说："瞧瞧莫言吧，非把他那点钱吃回去不可。"

莫言感觉屈辱，脸上无光，回家跟母亲说了这件事。母亲告诉他说，以后再去吃饭，提前喝上两碗稀饭，吃上两个馒头。

回到北京后，莫言照做了。和朋友再去吃饭，莫言吃得慢条斯理。结果还是有人说："看看莫言那假模假样的劲儿，好像他只用门牙吃饭就能吃成贾宝玉似的。"

发现了吗，其实无论你做什么，怎么做，都不可能让所有人满意。总是会有一些人，无缘无故地诋毁你、羞辱你。

知乎上有这样一个提问："碰到烂人、烂事该如何处理？"

问题下最高赞的回答是这样的："不纠缠，是最好的处理办法。"

一个纯粹快乐的人，一定不会受到外界过多的干扰，懂得远离那些无关紧要的人和事。白岩松说："有时候，我们活得很累，并非生活过于刻薄，而是我们太容易被外界的氛围所感染，被他人的情绪所左右。"

所以，很多时候，你的心情是由你对外界作出的反应决定的。

你活着，不是为了活给别人看，而是要活出自我。

不要活在别人的眼里、嘴里，摒弃那些毫无建议的话，做最真实的自己。

永远不要在烂人、烂事上纠缠，这些事除了让你变得不开心，没有任何意义。

别贪婪，做好当下的事就够了

某次奥运会上，在一场游泳比赛中，俄罗斯选手是世界纪录保持者，隔壁泳道是位日本选手。没想到，最后日本选手战胜了俄罗斯选手，成为新的世界纪录保持者。

赛后记者问他："你知道隔壁泳道的是世界冠军吗？"

日本选手回答说："我不知道在我旁边的选手是谁，我没有注意。如果我分心注意旁边的事物，我大概会慢个两三秒才到终点吧！我只知道全力以赴，拼了全力在水中前进，隔壁泳道是谁，我并不在乎。"

梁文道说："人最痛苦，好像都在为已失去和未得到纠结。"

专注当下的事，不掺杂念，放下贪念，做好这件事，再去想另外一件事。不要总是这山看着那山高，吃着碗里瞧着锅里。

有这样一个小故事：

小和尚问师父说："师父，您得道之前每天做什么呀？"

师父说："砍柴挑水做饭。"

小和尚继续追问："那得道之后呢？"

师父回答："还是砍柴挑水做饭呀。"

"这得道前与得道后没什么区别啊？"小和尚满脸疑惑。

师父说："当然不一样，得道前，我是砍柴的时候想着挑水，挑水的时候想着做饭；而得道后，砍柴是砍柴，挑水是挑水，做饭是做饭。"

我们总是想要的太多，可对于绝大多数人来说，一辈子只做好一件事就已经很难了。有些人，做事总是马马虎虎，敷衍了事；可有些人，做事总是追求极致，尽量做到尽善尽美，不留遗憾。绝大多数成功的人，往往都是后者。

所以，你到底能不能成功，不是取决于你做的事情，而是你做这件事情的态度。

有一个年轻人问成功者："别人都在一步步向成功迈进，可我却碌碌无为，我该怎么办？"

成功者只说了一句话："与其临渊羡鱼，不如退而结网。"

深以为然。

与其因为不确定的事情悲伤或兴奋，不如好好经营现在的自己；与其寄希望于未来，不如把握好现在，把眼前的事做好。

很多烦恼是因为想得太多，做得太少。

认真过好每一天，做好每一件事，你也会快乐的。

讨自己开心，是一个人最了不起的能力

无论多难的事，只要投入足够的时间和精力，总有一天会做得很好。可一个人要想时刻保持乐观，保持开心，几乎是很难做到的。所以，讨自己开心，才是一个人最了不起的能力。

高尔基曾经说过："快乐，是人生中最伟大的事。"

去做一些在别人看来毫无意义，但能让你快乐的事。不要和烂人烂事纠缠，活得简单了，也就快乐了。别太计较得失，生命的意义在于厚度，而不是长度。心中充满感恩，相信所有美好的事物，只有相信了，才有可能遇到。

一生很短，一生又很长，尽量让自己活得开心一点。

如果生活很难，那我祝你快乐。

一切都会过去的！

塞　柏

凡事看开一点，看淡一点，人活一世，还是快乐最重要。

世间最神奇的一句话就是：一切都会过去的。

无论成功失败，无论得到失去，总有一天一切都会成为过眼云烟。而我们也终将明白，人生活的是过程，而不是结果，只要自己经历的过程快乐，结果并没有那么重要。学会看淡，学会感恩，用或好或坏的日子修炼一颗平常心，才能真正达到内心的安宁与平静。

逆境的时候，看开一点

我一直记得大学语文课的教授。有次上课，他没像往常一样翻开书本讲课，而是清了清有些沙哑的嗓子说，他今天想朗诵一首诗。这首诗就是普希金的《假如生活欺骗了你》：

假如生活欺骗了你，

不要悲伤，不要心急！

忧郁的日子里须要镇静；

相信吧，快乐的日子将会来临！

心儿永远向往着未来；

现在却常是忧郁。

一切都是瞬息，一切都将会过去；

而那过去了的，就会成为亲切的怀恋。

朗读的时候，他的声音几度哽咽，好几次不得不停下来平复情绪。教授说，前几天，他的妻子突发脑出血，送到医院抢救至今昏迷不醒。医生说，能不能醒来谁也说不准，让他做好心理准备，有可能就是植物人了。说到这儿，教授眼中含满了泪水。事情发生后，教授好几天没睡觉，有次送女儿去上学，竟然走错了路。到校门口，女儿转身抱住他，闷闷地说："爸爸，妈妈会好起来的。"女儿的话如同当头一棒，敲醒了他。自己常常对学生说，要保持平常心，但事情发生在自己身上，却着了相。最后，他接过前排学生递上去的纸巾，擦干眼泪，然后郑重地跟我们说：

"今天给你们念这首诗，是想告诉你们，也是告诉我自己，当不好的事情发生在自己身上，不要怨天尤人，因为那没有什么用，而是应当大笑着继续走下去。无论走到什么样的境地，都要相信这一切会过去。"

毕业三四年，我也经历了不少波折，亲人离世，朋友越走越远，自己一个人在异乡漂泊，工作没有起色，感情也不顺畅。好几次濒临崩溃，想打包回老家，转头想起教授的那句"一起都会过去的”，瞬间看开了。

或许此刻，你也正在经历一段不愉快的感情，经历工作上的不顺心，经历疾病的种种折磨。但请一定相信：一切都会过去的。学会在风雨中跳舞，即使大雨倾盆，也要高昂头颅，大步向前走。

人生没有过不去的坎，明天的太阳依旧会升起，走过漫长的黑夜，我们的生活自会迎来新的曙光。

顺境的时候，看淡一点

《三国演义》里有段开场词说：“是非成败转头空，青山依旧在，几度夕阳红。”

想想昔日统一六国的秦始皇，车同轨，书同文，何等威风，转眼成了历史；想想曾经卖草鞋的刘备，竟也在风起云涌的年代，成为一代枭雄。

时间在成就我们，也在带走我们的成就。万事万物没有永远，但凡事看淡一点，修炼一颗平常心能让你看得更清，走得更远。

戏曲《桃花扇》里说：眼看他起朱楼，眼看他宴宾客，眼看他楼塌了。有人说，这说的是东晋王导家族的故事。因与琅琊王司马睿交好，早就看到即将天下大乱的王导，便辅助司马睿建立了东晋政权。东晋建立后，王导先后拜骠骑大将军、封武冈侯、领中书监。王家也因此风光无限，甚至有“王与马，共天下”的说法。但如辛弃疾所说，“风流总被雨打风吹去”，到唐代的时候，早年王导家族的住宅府邸乌衣巷早已沦为废墟。刘禹锡有诗为证：“旧时王谢堂前燕，飞入寻常百姓家。”曾经的风光无限，被历史的车轮狠狠碾压，最终化为一地尘埃。

也许此刻的你，也是功成名就正当时。身边的人都唯你马首是瞻，你说的话就是行业准则，你做的事就是适应潮流，前赴后继的人等着你指点迷津。

这个时候别忘了提醒自己，一切都会过去的。

面对阿谀奉承，要常常自省，问问自己，“我真的是他说的那个样子吗”，切忌在别人的赞赏中迷失了自己。就像皇帝的新装一样，本来是不存在的东西，但是因为赞赏、阿谀奉承的人多了，昏庸骄傲的皇帝竟然就信了，然后全裸游行。

人生好比唱戏，你方唱罢我登场，如此而已。

我们不会永远志得意满，或许今天你还是大众的宠儿，但明天可能就不是了。眼前的荣宠永远是一时的，越是站在高处，越要学会看淡，这样才能走得稳。

一切都会过去的，暗自得意的时候，想想历史上的王侯将相，要知道骄傲自得的时候，最容易暴露弱点。

学会看淡，才是大智慧

跌落低谷，跟自己说一句，一切都会过去的，会好起来的；志得意满，跟自己说一句，一切都会过去的，保持平常心，就不会跌得太快。

说到底，一切都会过去的，说的是为人处世的心态，对于失去的能坦然接受，对于得到的不会沾沾自喜。往后余生，对人对事，谨记“一切都会过去的”，学会看淡周遭的一切，要明白生活的最终目的，是内心的愉悦。

关于看淡人，可以说，我们80%的痛苦来源于人际交往，但很多烦恼其实都是自找的，如果能看淡一些，想开了，也就快乐了。佛陀说：凡是遇见的人，都是你命中注定该遇见的，他肯定会教会你些什么。离开的人，让你懂得，没有谁会一直陪着谁；喜欢的人，让你明白，爱一个人比被爱更幸福；爱你的人，让你体会到被人捧在手心里的滋味。今后感恩每一次遇见，感恩遇见的每一个人，或许碰撞出的故事并不美好，但这份经历本身就已经弥足珍贵。

关于看淡事，我曾在网易云音乐上看到一句热评：当你想念一个人的时候，尽情去想念吧，也许有一天，你再也不会如此想念他了。面对失恋，哪个人心里不曾想，我再也不会爱上谁了，但转眼，竟是牵了他人的手。我的一个表妹自尊心特别强，被老师批评后，哭了好久，她说感觉太丢人了，不想上学了，但隔天她又高高兴兴去上学了。

人生本来就是这样，我们如今放不下的，不过是漫长生命里的沧海一粟。时间长了，好事坏事，都会变成风轻云淡的往事。

别在意，别上心，一切都会过去的。学会看淡，学会放下，才是人生大智慧。

余生，别和自己过不去，也别和现实过不去。

凡事看开一点，看淡一点，人活一世，还是快乐最重要。

人到中年：不计较，不畏惧，不着急

塞　柏

后半生，愿你多一点从容、勇气、耐性，过好余生的每一天。

作家冯唐在文章《一辈子不生癌》里建议，想要远离疾病，首先要做到这 9 字箴言：

不计较，不畏惧，不着急。

细细琢磨，不禁发觉这 9 个字不光是一个人快乐长寿的秘诀，也可以是人到中年为人处世的态度。

不计较

人到中年，成为家里的顶梁柱，肩上的担子这头担着嗷嗷待哺的孩子，那头担着需要赡养的老人。这本来就够累的了，再因为面子问题，顾及这个，顾及那个，岂不是活得更累。因此“不要脸”，应该成为中年人处世的首要准则。

大伯就是个特别要面子的人。前些年他做生意赚了钱，一开始来借钱的人还不多，后来大家发现大伯基本上来者不拒，于是来借钱的人就越来越多。婶婶因此跟他吵了好多次，吵的时候，大伯答应得好好的，但转头又把钱借出去了。大伯总是说，都是乡里乡亲的，人家都求到我这儿了，我怎么好拒绝，再说又不是不还了。

一语成谶，有些人还真是钱揣怀里时间长了，当成自己的了。去年经济不好，大伯生意需要资金周转。刚开始大伯还没想着去找那些人要钱，是婶婶看不下去了，说你要脸，我不要脸，我去要。

她先是发微信消息，言辞恳切地说明了情况，但没成想回复的只有寥寥几人。没办法，婶婶只能挨个打电话，就这样还有好几个人连电话都不接，到最后还把她给拉黑了，着实让人气愤。最近一次听家人说，大伯借出去的钱目前只要回来一半，比较可气的是，有人竟然借了钱去理财。

这些年，关于借钱的话题总是层出不穷。有人就吐槽，借钱的时候你好面子充大爷，回头要钱的时候你就是“孙子”。装“孙子”能把钱要回来也成，关键是有些欠钱的大爷宁可当无赖，也不还钱。面子这个东西，很多时候是无用的。好面子的人，就像布老虎一样，外面看起来光鲜无限，里子或许就是一团破破烂烂的棉絮。

少年可以脸皮薄，毕竟路还长，人到中年，还死要面子，注定是打肿脸充胖子。

俗话虽说：人活一张脸，树活一张皮。但当你里子活实在了，面子自然也就有了。作为中年人，我们不需要“无用”的面子，只需要一家人岁月静好的里子。

不畏惧

前天跟一个姐姐聊天，我说，初生牛犊不怕虎是因为无知，后来知道得越来越多也就生了畏惧。但姐姐跟我说，她倒希望不管到了什么年龄，都能拥有闯劲，拥有年轻人的勇气。有时候年龄大了，懂得多了，也就容易变得畏手畏脚。

做起事来，总是怕这个，考虑那个，于是该冲的时候，待在了舒适圈，该果断决策的时候，却犹豫不决。而命运青睐的往往是那些敢放手一搏，不怕失败，大不了重头再来的勇者。

央视著名主持人敬一丹，大学一毕业就回到家乡，做了广播电台的播音员。优渥的待遇，熟悉的环境，这应该是大多数人梦寐以求的生活状态。但这种悠闲的日子过久了，也就越来越乏味了，甚至有些空虚，这让敬一丹萌生了深造的念头。很多人都觉得她瞎折腾，可她并没有因为别人的风言风语退却，反而越挫越勇。在考研这条路上，她试了一年，失败了一次，直到第三次才如愿考上心仪的学校。

这时她已经28岁了。

研究生毕业后，敬一丹留校任教，放在现在这依旧是人人称羡的工作，但她并没有停下脚步。几年后，已经三十几岁的她又决定辞职进央视，因为她一直有做主持人的梦想。不赞同的声音再次出现。然而，事实证明，当你鼓起勇气，下定决心做一件事的时候，全世界都会帮你。

后来敬一丹在主持这条道路上越走越远，不仅连获三届金话筒奖，还主持了全国第一个以主持人名字命名的节目。

特别喜欢某部电视剧里的一句话：18 年后又是一条好汉。

冲劲、不退缩、不惧怕不应该只是少年人的代名词，而应该是每一个人终其一生的序曲。渐长的年龄只是数字，是岁月给予的智慧，不应该成为我们害怕向前再迈一步的借口。

任何时候，都别害怕。不害怕尝试新事物，唯有变化，才是唯一的不变化；不害怕走出舒适圈，只要你敢踏出第一步，就能继续走下去；不要害怕失败，只要能提起勇气再来一次，就不是真正的失败……

永远无畏地向上生长，不断突破自己的底色，才不枉活过这一生。人可以有敬畏，但不可以有畏惧。

不着急

余世存在《时间之书》里写道："你做三四月的事，在八九月自有答案。"

人到中年，当明白好事多磨，有些事，再着急也没有用。饭要一口一口吃，路要一步一步走。

前段时间，看到一个新闻，算是现实版的"揠苗助长"。事情还要从开学那几天说起，一位母亲去给女儿报名，加了好些家长微信，回来后一翻人家朋友圈，立马急眼了。这些家长朋友圈里晒的都是自家孩子的日常生活：今天练书法，明天练游泳，后天又是别的……甚至有个孩子做童模，还有模有样的。

这位母亲立马就急了，自家女儿不光学得少，而且还没成绩。打着不让孩子输在起跑线的口号，她又给孩子报了几个辅导班和兴趣班，于是孩子本来就没有多少的休息时间，彻底丧失了。一到节假日，就是各种赶场，母亲也不遗余力，尽心尽力地陪着。但是弦绷得太紧，就容易出问题，不光女儿因为吃不消住院，这位母亲也是身体出现各种老毛病。

这种情况在生活中就屡见不鲜。家长们一心望子成龙，恨不得突然怎么一下，孩子就开窍了。

但春天播种，也要经过一个夏天的浇灌，才能换来秋天的好收成。很多事就像陈酿美酒，只有经过时间的淬炼，才会醇美，如果太着急，缩短酿造的时间，那注定是品尝不到美味的。

再者，人生不是百米冲刺，而是一场马拉松，如果你用前者的速度来跑后者，想来是跑不了多远的。

有一首诗这样说："人生好比粥一锅，煎熬滚煮耐琢磨。宜疾宜徐看火候，酸甜苦辣自张罗。"一锅好粥，只有慢慢地熬，才能熬出最浓郁的滋味。始终相信一万小时定律，就如书读百遍其义自见一样，花了时间，用了心，才能看出成果。不着急，专注当下的每一件事，未来自然不会差到哪里去。生活就是如此，需要我们有耐性。

人到中年，活轻松点，丢掉那张面子，才有实打实的里子。

人到中年，活自在点，别害怕，去做自己想做的事，别让自己遗憾。

人到中年，活慢一点，弦绷得太紧会断，人绷得太紧会累。

后半生，愿你多一点从容、勇气、耐性，过好余生的每一天。

运动和不运动的人生，到底差在哪里

张一条

俗话说，生命在于运动。

很多人越长大，就越忽略了运动对于生命的重要性。能打车就不走路，能瘫着就不跑步。贪图眼前安逸的后果就是，自己的生活会跟别人的越差越远。

因为运动和不运动的人，过的其实是两种人生。

运动的人，身体更健康

运动能够强身健体，这是我们从小听到大的一句话。

长期坚持运动和从不运动的人，差距最大的地方就在于身体素质，而这个差距还会随着年龄的增长不断拉大。

有人刚过而立之年就开始三高、有啤酒肚，多走几步路、上几级台阶就要喘上好一会儿；而有的人，年近百岁，还可以在田径赛场上一展身手。

2019 年 7 月，在美国田径协会户外大师锦标赛中，96 岁高龄的罗伊·恩格勒特以 42 分 30 秒 23 的成绩打破了 5000 米（95—

99年龄段）的世界纪录。除了5000米之外，这位“硬核老人”还参加了800米、1500米和3000米的比赛，并且全部创造了该年龄段的新世界纪录。当时新闻一出，着实震惊了不少人。大多数网友对此的反应都是：别说跑步了，自己能不能活到96岁都是两说。

恩格勒特能做到这些并不是偶然，他从年轻时就一直坚持运动，到老年依然没有松懈。平时他会去距离家半个街区的健身房跑步，每周至少跑三次，每次跑3至5公里。这个运动强度，甚至比许多年轻人都要高。

长久的寿命，健壮的体格，年迈时依然清晰的思维……这些都是常年坚持运动后，时光的馈赠。

《加拿大医学协会期刊》的一篇研究中提到过：随着年龄的增长，人体的肌肉骨骼系统会越变越弱，最终在到达一个临界点之后往往会失去正常生活的能力。这是自然的规律，我们无力更改。但是常年规律的运动，能够帮助我们让这一天尽可能地延后。借用周润发的一句话来说就是：早些运动，那么在80岁的时候，就可以拥有40岁的身体。

运动的人，长相更年轻

前几天在等公交车的时候，正巧碰到旁边一位发传单的小哥向一位女士推荐他们的健身房。

可能是女士说了健身没用之类的话，小哥说，健身怎么能没用呢？您要坚持健身的话，今年您朋友30岁您30岁，以后朋友40岁您30岁，朋友50岁了，您看起来还是30岁。到时候跟女儿出去逛街，别人一看都觉得是姐妹俩。

虽然是个调侃的恭维话，但并不是没有道理的。

仔细想想，这些年娱乐圈里那些被称为“不老男神”“冻龄女神”的人们，在被问到驻颜有术的秘诀时，无一例外地都会提到四个字——坚持运动。

我国香港演员郑少秋，每日坚持用30到40分钟的时间健身，72岁依然意气风发，在舞台上连续跳10多分钟的舞蹈，连呼吸都不会错一拍。郭富城，也是几十年如一日地坚持健身。为了提高体能，无论工作有多忙，都会抽出半个小时来慢跑，风雨无阻；常年的自律，使得他的体重在这些年一直维持在63公斤，皮肤和精神状态也完全可以跟二十年前的自己相较。此外，张钧甯、苏有朋、陈意涵……因为运动实现逆生长的例子数不胜数。

即使不在娱乐圈，自己身边的亲朋好友看起来最年轻的一个，也多数有着运动健身的习惯。

俗话说，三十岁之前的长相是父母给的，三十岁之后的长相，是自己修行修来的。

坚持运动，可能一天两天成效不明显，但是一个月两个月，赘肉就少了；一年两年，皮肤就变好了；十年二十年，就会发现自己早已远远甩出不运动的同龄人一大截。

等到那一天，我们一定会感谢当初勤奋自律的自己。

运动的人，人生更精彩

知乎上有个问题：坚持运动给你带来了些什么？

有位答主分享了自己的经历。

这位答主是重度抑郁症患者，三年前因为事业爱情双双受到打击，让他在很长一段时间内都非常消极。当时他每天都活在对自己的否定里，觉得自己一事无成，又没有人爱，简直差劲透了，甚至一度想要自杀。后来他的朋友看不下去他这副颓废的样子，强迫他去运动，给自己找点事做。最开始他是不情不愿的，但是一次运动下来，觉得精疲力竭之外，心情居然莫名地放松了，好像郁结在心里的那些负能量都随着汗水排出去了。从此，运动成了他生活中的一部分。他说，坚持运动给他带来的，除去宣泄压力的愉快和兴奋感之外，更多的是一种自我的升华。

运动不是一件容易的事情，坚持下去需要的不仅是体力，更是毅力和韧性。在坚持运动的过程中，自己也会慢慢从懒惰走向勤奋，并且摒弃越来越多的，例如拖延症之类的坏习惯，整个人都变得积极起来。同时，在运动中结交的人脉，也会扩展一个人的社交圈子，带来人生中新的机遇。

希腊古语说：人类最好的医生就是空气、阳光和运动。它治的不止是身体，还有心。

看起来，运动只是一件事而已。但其实，它带给我们的好处是方方面面的。如果用一句话来总结就是，它能让我们更好地享受人生。健康的体魄让我们领略人生的多彩，精神的长相帮我们赢得人生的机遇，积极的心态带我们面对未来的挑战。

当我们能够克服自身的惰性把运动作为一种习惯，总有一天，我们会收获一个更好的自己，以及比现在精彩数十倍的人生。

“我曾经 300 次想要辞职”

张牧野

当你感到委屈的时候，没关系，说明你正在成长。

某旅行公司因为赶一个项目，主管要求设计师每天出 100 张设计图。每天出 100 张设计图，还要做 8 天，也就是整整 800 张。

这摆明了就是刁难，相信没有任何一个设计师能做到。在设计师提出质疑时，主管直接回怼，这是公司的安排，做不完可以加班，设计师都是要加班的。这种情况下，你要么忍气吞声地默默承受，要么拍桌子走人。无论是哪种结局，总之对你来说都是不利的。

你给老板讲道理，老板跟你讲规则；你跟老板讲规则，老板跟你提条件。

没有一份工作不委屈

每个人在工作中或多或少的，都会遇到委屈，这甚至是一种常态。

要么是被老板骂了，要么是被同事挤兑了；要么是嫌工资低，要么是嫌工作时间长。

上周，朋友说他要离职了，一刻也不想待下去了。起因是年底了，公司要发的年终奖数额却变少了。起初他进公司时，老板承诺年底会给两个月的工资作为年终奖。可真正到了要发年终奖时，老板变卦了，只给一个月的工资。朋友感觉受到了欺骗，等不到过完年回来，就要办理离职。因为没有任何的纸质证据，只是口头答应，即便是去劳动仲裁，也没有胜算。

想起我刚参加工作时，做的是新闻记者，当时写了一篇报道，其中文章中有个数据是领导亲口说的，我也就写了。发稿之前，领导也亲自过审了，可等文章发出去之后，回过头再看文章时，领导发现这个数据有点失实，发出去不合适。当时，他把我叫到办公室噼里啪啦数落了半天。我感到无比的委屈，一方面数据是领导亲自说出口的，另一方面稿子在发布前，领导也是过审了的，但最后出了事，负责的人却成了我。

那段时间，我起码动过 300 次想要离职的念头。

朱光潜说：年轻人，没有一段工作是不委屈的，没有一段人生是不曲折的，没有一段未来是注定光亮的。

我见过在工作中，因为被领导说了两句，直接辞职走人的，也见过默默承受的；员工会被领导无故刁难，会被同事算计，甚至也会无缘无故成为背锅侠；医生因为不被病人理解，拳头落在了身上，甚至是失去了生命；老师要同时管教几十个学生，每天工作十几个小时，还会被家长不理解；创业者不止要考虑员工的情绪，还要照顾投资人的感受，也不容易……

没有一份工作是不委屈的，没有一种成功是一蹴而就的。

快速整理好情绪，重新投入工作，或许才是职场人最大的靠谱。

成年人的委屈都藏在卫生间

有人说，工作以后，最怕在卫生间遇见同事。

因为你永远不知道，一个人跑到卫生间，到底是内急，还是受了委屈。

昨天，看到一个女生发朋友圈说，自己已经在厕所待了一个小时了，实在没有勇气走出去面对同事，面对老板，面对工作。她说，我明明很努力很踏实了，还是被老板说，感觉我像个废人，什么也做不好。一个人在工作中，最心灰意懒的不是老板的数落，而是自我的否定。一个人在逼仄的空间里，没有人看见，也没有人理会，才敢短暂的释放自己的情绪。成年人，就连宣泄情绪都如此奢侈。

卫生间，藏着一个职场人最大的屈辱、不堪和落魄。

有个设计师说，老板让改海报，一版又一版，改到第 8 版时，他终于受不了了。老板很喜欢打击员工的自信，甚至在群里直接 @ 他，问他理解能力是不是有问题。他没回复，起身到了卫生间，他对着马桶咒骂，然后猛冲厕所。随后瘫坐在盖子上，打了半个小时游戏，感觉心情好点了，才从卫生间出来。

也有人说自己刚分手很难受，工作又特别多，还要和颜悦色地面对同事。可有时候，她真的笑不出来，也装不下去，就会躲在卫生间，偷偷哭一会。

卫生间就像个出口，把大部分委屈暂时冲下去。

小孩子受了委屈，哭的时候，大人会递给他一颗糖果，但成年人受了委屈，哭的时候，却会丢了工作。

在日本，公共厕所被称为“Switch Room”，译为“转换室”。这里隐藏着无数人的委屈、崩溃，也是每个人调整心情的中转站。

无论你走进去时，内心充满了多少悲伤，走出来，就要仰起头，眼含微笑。

委屈是真的，喜悦也是

没有人不委屈，只有成功者才会把委屈说得云淡风轻。

我们在抱怨工作的同时，恰恰也是工作成就了我们的人生。

青年作家刘同在成名作《谁的青春不迷茫》里，讲过发生在自己身上的故事。毕业后，刘同进入电视台工作，无论他怎么努力，都得不到认可。有领导质疑过他的出发点，认为他根本就不适合做传媒；有领导变相奚落过他的上级，质疑他的上级是怎么把他招进来的；也有客户骂他是骗子，拿了钱并没有做到客户满意的样子。

面对这些质疑、批评和否定，刘同委屈过，哭过很多次，就连他自己也自嘲，年轻的时候，怎么那么爱哭，经受不住一点批评。可他也在奋力地奔跑，超越不优秀的自己，把那些批评声远远甩在身后。

“我只能一直跑一直跑，跑远了，那些站在原处骂你的人声音就小了。也许前面还会有新的人骂你，但我还是相信越是前方，有工夫骂人的人越少，因为大家都在奔跑。”后来，刘同凭借《谁的青春不迷茫》一炮而红，书获得大卖，名气也越来越大。工作上，他当上了光线影业的副总裁，人生彻底开启了新的篇章。

虽然并不是每个人都可以像刘同这样，最后获得巨大的成功，但作为普通人的我们，通过努力，生活不也在一点点变好吗？

就拿我自己来说，刚毕业那年，过得很艰难，有段时间，穷的连房租都交不起。可是，我的生活并没有停留在过去，而是真的一点点在变好。现在虽然谈不上多么成功，但起码再也不会因为交不上房租而担忧，想要的大多数东西，还是买得起的。上周，打电话给爸妈，约定到了“五一”放假，带他们来北京旅游。挂断电话的那一刻，回想起过去自己承受的一切，突然发现都是值得的。

你今天受的苦，吃的亏，担的责，扛的罪，忍的痛，到最后都会变成光，照亮你的路。

或许，一个人脸上最真挚的微笑，是努力过后收获的喜悦。

我们变得有能力让自己过上好的生活，也让家人过上更好的生活，慢慢地挣脱了贫穷，甚至实现了人生的抱负。工作是很辛苦，也会受到很多委屈，可是苦尽甘来，我们也在一点点的变好，生活也越来越好过了，不是吗？

没有一份工作是不委屈的，你的工资里，本来就有一部分是支付给你的委屈费。

没有人不在工作中犯错，没有人不经受委屈，最重要的是收起玻璃心，从失败中汲取教训，让自己变得越来越好，越来越优秀。

容易走的往往都是下坡路，吃力的都是上坡路。当你感到委屈的时候，没关系，说明你正在成长。别沉湎在悲伤的情绪里了，在工作中，情绪是最无用的。想哭就哭吧，哭过以后，再全心地投入工作。

毕竟，生活仍在继续，凡是打不倒你的，终究会让你强大。

先学会不生气，再学会气死人

大　猫

生气，是最无用的发泄

曾看过一个故事，名叫“生气的骆驼”：一只骆驼在沙漠中行走，正午的太阳晒得它又饿又渴，焦躁万分，一肚子火不知道该往哪儿发才好。正在这时，地上的一块玻璃碎片把它的脚掌硌了一下，疲累的骆驼顿时火冒三丈，抬起脚狠狠地将碎片踢了出去。谁知这一踢，竟不小心将脚掌划开了一道深深的口子，流了很多血。骆驼更生气了，一瘸一拐地走着，结果一路的血迹引来了空中的秃鹫，围在它的头顶蓄势待发。骆驼心里一惊，不顾伤势地逃跑，在沙漠上留下一条长长的血痕。

终于跑到了沙漠边缘，浓重的血腥味却引来了附近的狼。

疲惫加之流血过多，无力的骆驼只能像只无头苍蝇般乱逃，仓皇中跑到一处食人蚁的巢穴附近，鲜血的腥味惹得食人蚁倾巢而出，黑压压地向骆驼扑过去。

不一会儿，可怜的骆驼就鲜血淋漓地倒在地上了。

临死前，这个庞然大物追悔莫及地叹道："我为什么要跟一块小小的碎玻璃生气呢？"

这个故事中的骆驼，是不是很像现实生活中的我们？生活的重担，像正午的太阳一样令我们焦躁不安，而那块玻璃碎片，就像疲惫焦躁时遇到的一件烦心事。

这件烦心事或许是来自家人的无意添乱，或许是来自上级不明事理的指责，又或许是来自陌生人的恶意。

总之，一些看不顺眼的事情会令我们更加心烦意乱，生气发怒。于是，控制不住情绪的我们像那头东奔西逃的骆驼，让状况陷入更糟的境地。

仔细想来，这并不是什么偶然事件，愤怒作为人类最频繁的情绪之一，生气总是难免的。生活不可能总是一帆风顺，烦心事每天都会有，但在解决麻烦事的众多方法里，生气是最无用的一个。

既无法有效地解决问题，又会让自己憋一肚子气，而那个让你生气的人，或许都不会知道你已经生气，最后只能伤害到自己。所以老话常说："先学会不生气，再学会气死人。"

不生气，你就赢了

陈丹青曾说过这样一句话：

"我几乎从来不生气，因为我认为没必要，有问题就要去解决，不要让别人的错误影响自己。"

生气时，大脑往往一片空白。人在情绪激动时，容易无法控制自己，语速会越来越快，头脑也会越来越混乱，极易做出后悔的事情。

作家冯骥才就是个不易生气的人。有一次家中被盗，他淡定地在家巡视了一圈，发现他最为珍贵的字画没有被偷走。于是他笑笑说道："这个贼不是行家啊。"

即使遭遇如此令人愤恨之事，依然理智冷静，不失为一种大智慧。

生活中会遇到各种各样令人生气的事，可就算发了脾气，有些事也无法挽回，反倒会把身体气坏。

生气从来不是解决问题的方法，冷静下来才能从容应对糟心事。学会不生气，更不能拿别人的错误来惩罚自己。大家都听说过"宰相肚里能撑船"的故事：

三国时期的蜀国，在诸葛亮去世后任用蒋琬主持朝政。他的属下有个叫杨戏的人，性格孤僻，不善言语。蒋琬与他说话，他也是只应不答。有人看不惯，在蒋琬面前嘀咕说："杨戏这人对您如此怠慢，太不像话了！"蒋琬坦然一笑，说："人嘛，都有各自的脾气秉性。让杨戏当面说赞扬我的话，那可不是他的本性；让他当着众人的面说我的不是，他会觉得我下不来台。所以，他只好不做声了。其实，这正是他为人的可贵之处。"后来，有人称赞蒋琬"宰相肚里能撑船"。

生气，只能气到自己。

生活很美好，生命很宝贵，别把时间浪费在没有意义的事情上。

不生气，其实是放过自己。以镇定自若的态度应对烦心事，遇到充满恶意的人保持冷静，才不会掉入小人布下的陷阱。

与其生气，不如争气

人们常说："生气不如争气，抱怨不如改变。"你无法改变他人的想法，但你可以控制自己的心情。你无法改变他人的做法，但你可以努力让自己变得更加强大。

最好的反击是实力的碾压，而不是脾气的发泄。

宋徽宗喜欢书画，并且有很深的造诣。他问随从："天下何人画驴最好？"随从四处打听，匆忙中得知一位叫朱子明的画家有"驴画家"之称，就召他进宫画驴。

朱子明本是一位很有功底的山水画家，但遭同行妒忌，被四处造谣贬低，这"驴画家"其实是嘲讽他的称呼。得知被召进宫是为皇上画驴时，朱子明吓出一身冷汗。然而，圣命难违，他只好硬着头皮开始画驴。他苦练画驴术，先后画了数百幅有关驴的画，最后终于得到皇上的赏识，真正成了"天下第一画驴人"。朱子明晚年感慨道："嫉妒是坏事，也是好事。感谢嫉妒者，你们的骂声、贬责和造谣成就了我！"

当被人误解谩骂时，生气是没用的，学会把怒气化为向上的力量，鼓足劲去证明自己，能让恶意不攻自破。

那些想方设法造谣你的人，无非是不想你过得比他好，所以你更应该冷静面对，坦然处之就是了。

一位自以为很有才华的年轻人因得不到重用而感到苦闷、生气。他质问上帝："命运为什么对我如此不公？"上帝从路边捡起一枚石子，随手扔了出去，然后问他："你能找到我扔出去的那枚石子吗？"年轻人摇了摇头。上帝把手指上的金戒指摘下来扔到石子堆里，问年轻人："你能找到我的金戒指吗？"年轻人很肯定地回答："能。"上帝说："当一个人抱怨自己怀才不遇时，往往是因为他还不过是一枚石子，而远远不是一块金子。你不能像一块金子那样耀眼夺目，又怎能要求别人将你从石子堆中识别出来呢？"

抱怨解决不了任何问题，一颗石头不会因为饱含怒气就变成一块金子。一个人，也不会因为总是发脾气，而受到重视。

无能的人会因别人的轻视和贬低而生气发怒，而真正有智慧的人会将恶意转化为动力，让自己变得更好，让那些曾经看不起自己的人心悦诚服。

知乎上发布过关于如何避免生气的问题，评论区有一个很棒的答案："碰上一个让你很生气的事，深吸一口气，或者去个洗手间，回来后再处理。相信我，可以避免日后 90% 的后悔。"

做到不生气，人生的烦心事就少了一大半。世上没有常胜的将军，生活也不会一直都顺风顺水，面对恶意与轻视，不要怨天尤人，不要斤斤计较，战胜心里的“恶魔”才会让我们越来越强大。

“先学会不生气，再学会气死人。”当然这句话的言外之意并非是真的把“气”别人当成解决办法。而是说，如果自己能够对恶意坦然处之，在让自己变得更优秀的路上越走越远，那些存心让你生气的人早晚会被你甩在身后。

最后分享给大家《开心谣》里的几句话：

日出东海落西山，愁也一天，喜也一天。遇事不钻牛角尖，人也舒坦，心也舒坦。

人这一生，最不该挥霍的是什么

张一条

有的东西一旦失去，就永远不会再回来。

世界上最贵的东西，都是免费的，但同时，却也最珍贵。拥有了就需得小心翼翼地对待，既不能忽视，也不能挥霍。因为一旦失去，就再也没有了。

比如时间，健康，和他人的爱。

时　间

微博上有一张图，几天内被转发了一万多次。

那首火遍全世界的“Let It Go”的旋律还回荡在耳边，可那竟然已经是好几年前的事情了。评论里都在感慨，说自己像是突然失忆了一样。《冰雪奇缘》刚上映的时候，我是跟朋友一起去看的。那年我 18 岁，她 20 岁。那天我把微博发给她看，她感慨道：“我都 26 岁了啊……时间过得真快。那时候还总觉得自己是小孩呢，现在已经快要当妈妈了。六年，两千多天，看起来多么漫长。可是它怎么过得这么快，就像是被人偷走了一样呢？”

世界上最公平的东西就是时间，每人每天24小时，不会多也不会少。可世界上最残忍的东西，恰恰也是时间。因为它从不会停下来等任何人，过去了，就是过去了。我们总以为自己还年轻，还有很多时间可以挥霍，可事实却并非如此。

按照人均寿命78岁来算的话，我们剩下的时间，就像手机的剩余电量。

手机没电了还可以再充，人的生命却只有一次。荒废了，就没有了。但一个很奇怪的现象是：手机没电的时候几乎人人都会恐慌，可换成了自己的寿命，很多人却不以为意。

YouTube上一个著名的演讲中指出：时间，每一分每一秒都是有价值的。

想知道一年的价值，要去问考试失利的学生；想知道一个月的价值，去问在分娩前一个月失去孩子的母亲；想知道一周的价值，去问在线杂志的编辑们；想知道一小时的价值，去问异地恋的情侣们；想知道一分钟的价值，去问刚刚错过了公交车和飞机的人们……

古语有云：少壮不努力，老大徒伤悲。

最可惜却也最没用的一句话就是，“当初我要是×××就好了”。

考试失利了想，“要是我当初该学习的时候没玩手机就好了”；减肥失败了想，“要是我当初该运动的时候没躺在床上就好了”；被裁员了想，“要是年轻的时候多学点东西就好了”。

可是到那时候，后悔也改变不了既定的结果。

现在浪费的分分秒秒堆积起来，都会变成一个个遗憾。

时间很贵，别轻易浪费。

健 康

2020年初，新冠肺炎疫情席卷全国。大多数人在家闭门不出，万不得已出一次门，也要全副武装，回家赶紧洗手。此时，口罩成了最金贵的东西。

一个很有意思的现象是，平时“丧”得很，一口一个不想活了，就盼着哪天猝死好解脱的人们，抢口罩抢得比谁都积极。一场疫情让大家知道，原来我是想好好活着的啊。

人往往是离危机越近，才越知道害怕。疫情是这样，其他的疾病也是这样。

有些人仗着年轻，仗着身体还强健，所以肆无忌惮地熬夜、吃外卖、抽烟喝酒，看着网上一例例年轻人患癌、猝死的新闻，心里想着：没关系，我还年轻，这些事不会落到我头上。

但是疾病，早就开始对年轻人下手了。

2019年7月19日，年仅28岁的音乐教师高至凡发了这样一条朋友圈：“放假真是太爽了，做梦都会笑醒。”那个时候他还不知道，这是他生命的最后一天。傍晚，和高至凡合租的室友推开房门，发现他的状况不对劲，马上拨打了120，但是急救医生赶到时，已经无回天之力。下午18时30分，高至凡因突发重疾抢救无效，不幸离世。

高至凡生前热爱音乐，日常备课以外的时间，他就是夜以继日的策划、创作。甚至朋友圈签名都写着“请不要在早上九点前致电本人”。他为音乐付出了太多，可对身体的消耗也实在太大。

人的身体是很记仇的，你对它不好，它就不会让你好过。

千万别仗着年轻就肆意挥霍健康，健康的小船，说翻就翻。

他人的爱

在情感树洞里最常见的一种问题就是：他爱我的时候我没有珍惜，现在他走了，我很后悔，要怎么挽回？

被爱的时候不当回事，等到失去之后才追悔莫及，是人们在感情中的通病。

记得小时候看《乱世佳人》的时候，为最后两人分道扬镳惋惜了很久。但是长大了才觉得，结局就应该是这个样子。瑞德深爱着热情美丽的斯嘉丽，为了讨她欢心做一切自己能做的事情：为她赎回戒指，在暴乱中保护她冲出重围，帮助她重建自己的家园，在她需要安慰的时候陪在她身边。可是斯嘉丽却一直苦苦追逐着不属于她的艾希礼，甚至在与瑞德结婚后，还偷偷珍藏着艾希礼的照片。她仗着瑞德对自己的宠爱肆意妄为，一次次地伤他的心，挑战他的底线。等她终于认清自己的内心，发现自己最爱的人其实是瑞德时，瑞德却已经心灰意懒，彻底离开了斯嘉丽。

没有人会一直留在原地等一个不值得的人。人的感情是很脆弱的，经不住伤害，也经不住挥霍。

有些人总是觉得，他那么爱我，无论我怎么过分他都不会离开我的。殊不知，一次任性，一次争吵，一个过分的举动，都会在对方心上留下难以磨灭的伤痕。

爱情也好，亲情友情也罢，大家在付出的时候，心里都有份计较，都希望自己这份情意，能够得到对方的珍惜。如果得不到，一次两次总是心寒，那么失望攒够了，当初再深的感情也会变质。

这个世界上真心对自己好的人不多，千万不要肆意挥霍他人的爱。

人生，就该“折腾”成自己想要的样子

寒江雪

不折腾一下，你怎么知道人生有多少种可能。

那天办公室在讨论这样一个问题：“如果中了彩票大奖，你打算去干什么？”

得到的答案几乎是一样的：辞职，然后满世界旅游。

脱离朝九晚五的生活，到世界各处走一走，这是很多人的愿望。但是有这样一个人，她没有中彩票，也没有辞职去旅行，却实打实地过上了让人羡慕不已的生活。

她拖着一个行李箱，独自走过了 26 个城市，遇到了 99 位房东，过了有声有色的 606 天。她叫郑辰雨，还有个更为人所熟知的网名——苹果姐姐。因为她喜欢吃苹果，脸圆圆的。她是高材生，是职场精英，也是一个爱“折腾”的人。

朝九晚五，两点一线

那一年 9 月，郑辰雨从深圳回到洛杉矶的创业公司。洛杉矶被称为“天使之城”，能在这样一座很多人心向往之的城市拥有一份不错的工作，是一件很让人羡慕的事。但郑辰雨却觉得有些惶恐。

洛杉矶是一个很大的城市，她在这里人生地不熟，所有的朋友都是工作中的朋友。两点一线，一成不变的日子让她在这个城市里找不到归属感，待着待着就很想离开。

她问自己：这就是我想要的生活吗？

答案显然是否定的。

她是个好奇心很重的人，爱奇思妙想，也爱折腾。每次她走在洛杉矶的街头，总想知道那些建筑的主人是谁，有怎样的故事。所以当时她想，是不是有一种方式可以让她更好地了解这个有六十多个街区的城市。

试想一下，如果可以住在不同人的家里，体验他们的生活，那她和这座城市会不会产生一种更紧密的联接？她在脑海中勾勒出一份民宿计划：白天上班，下班之后去体验各式各样的民宿。周一到周四住在公司附近，周末搬去不同的街区，用双休日深度融入当地，让民宿、咖啡馆成为她的眼睛。这个计划够疯狂，也够折腾。试想一下，要每天拎着行李东奔西走，过着“居无定所”的生活，听着就觉得辛苦。

但郑辰雨却做到了，而且坚持了整整 606 天。

要做一块橡皮，而不是玻璃

在这 606 天里，她住过圣塔克鲁兹的蘑菇屋，欣赏过日本乡间的日落，和好莱坞导演共进过早餐，与有25年驾龄的机长闲聊。她遇到许多的人，听了许多的故事，学会很多技能，也产生了许多感悟。她说，这段经历就是她的人生学校。

但只要是学校，都是要交“学费”的。在住民宿的过程中郑辰雨遇到过很多次挫折，甚至让她产生放弃的想法。

深夜，在信号全失的树林中迷路，联系不到房东的时候；因为一时疏忽看错了店名，差点露宿街头的时候；被房东女儿赶出家门的时候……至于因文化差异闹出的小笑话，为了省钱去坐红眼航班，一个人拎着行李箱上楼下楼，很长时间不能买新衣服，减少和老朋友相聚的时间……这些跟上面那些经历比起来似乎已经不值一提了。

就算过上自己想要的生活，这其中也必然会有让你想要放弃的时刻。

郑辰雨说，选择一条路就是要接受它可能带来的好的和不好的，它带来的快乐和艰辛。当你做好了这个思想准备，你才会有更好的收获。而旅途中那些插曲，也让郑辰雨学会如何解决问题，学会如何和陌生人沟通，不断地让自己做到她外公说的那样：“你不要做一块玻璃，一碰就碎了，要做一块橡皮，怎么摔都不会碎。”这个过程，这些小的插曲，这些突发状况，锻炼了她的心理素质，它们让她成为一个更有毅力，可以坚持下去的人。

民宿对她最大的意义不是旅行，而是心灵上的成长。

勇气，就是在恐惧中有所作为

多诺万，是郑辰雨在旅途中结识的一位智慧长者。

遇到他时，郑辰雨正面临着人生的重大选择：留在硅谷工作，还是从事自由职业。多诺万听说了她的困惑，给出了一针见血的建议："辰雨，想让梦想照进现实，第一步是想清楚自己要什么；第二步是精练地表述需求，并努力争取。你有太多的恐惧，成功过一次，你就会越来越有自信。"

除建议之外，多诺万还讲了一个自己的小故事。

他曾搭车环游中美洲，并免费搭过9架飞机。为了搭飞机，他站在机组人员通道里，看到飞行员就问："可以搭你的飞机吗？"9个同意的背后是近300个拒绝。

恐惧是每个人都会有的情绪，尤其是在做出决定之前。害怕被拒绝，害怕做得不够好，害怕承担不起失误的责任……这样想着想着，就把好不容易萌生的一点渴望又塞回土里。很多人就这样，在别人否定自己之前先否定了自己。空想着要改变人生，却还没开始行动，就脑补了一百种最差的后果来吓自己。

想要的人生，从来不是靠想出来的，而是折腾出来的。但在折腾之前，你要有足够的勇气去战胜恐惧，去有所作为。

很多时候，你和最想要的人生之间，只差了那迈出的第一步。

不折腾一下，怎么知道人生有多少种可能

郑辰雨的“折腾”，从高中就开始了。

3 岁时郑辰雨妈妈带她去考托福的一段经历，让她接触到了“出国”的概念。从那时起，漂洋过海去感受更广阔的世界成为她的梦想。2006 年，17 岁的她如愿以偿。一个人提着 3 个超过 100 斤的箱子辗转 16 个小时的飞机跨越了太平洋，去美国面对未知的人生。

除了宿舍之外，学校在节假日给她安排了一个接待家庭。这家的主人，年过古稀的盖乐普父母成了郑辰雨在异国他乡的亲人，给了她家的温暖，也为她今后的民宿之路埋下了伏笔。

郑辰雨在她的书中说，小时候她的生活一直是两点一线，所有的努力都是为了考上最好的大学。如果 2006 年她没有折腾，也许就会考上一所好大学，毕业之后成为一名女强人；如果 2015 年她没有折腾，也许就会在洛杉矶或者硅谷，租一个房子，过着安稳却单调的生活。但是她折腾了，把人生折腾成了自己喜欢的样子。还把自己的经历写成了一本充满感染力的书《不租房的 606 天》，分享给所有想去探索这个世界的人。

莎士比亚在《维纳斯与阿都尼》中写道：“本来无望的事，大胆尝试往往就能成功。”

如果想要折腾，那就去试着折腾吧。不折腾一下，怎么知道人生有多少种可能呢？

余生，你要活得贵一些

寒江雪

网上有一段流传很久的话：我们曾如此渴望命运的波澜，到最后才发现，人生最曼妙的风景，竟是内心的淡定与从容；我们曾如此期盼外界的认可，到最后才知道，世界是自己的，与他人毫无关系。

人活一辈子，最该富养的不是女儿，不是妻子，不是父母，而是自己。

简单点说，要活得贵一些。

让你的真心贵一些

从小我们一直被教育，与人交往要以诚待人，要交付真心。但是长大之后发现，并不是所有的人都配得上一颗真心。

董璇和高云翔离婚的消息曾快速蹿上微博热搜，很不意外地，评论区一片叫好声。董璇也曾向高云翔付出真心，一心想要经营好自己的婚姻，但高云翔却被爆出了涉嫌性侵的丑闻。最初董璇也表示会一直支持，不离不弃，但最后还是选择了结束这段长达 8 年的婚姻。看了太多丈夫明目张胆婚内出轨，妻子选择忍气吞声维持婚姻的例子，董璇的选择让不少人觉得神清气爽。

曾经受到全国瞩目的“泰国孕妇坠崖案”的当事人王女士，也向法院取证会递交了丈夫俞晓冬蓄谋杀人的证据。“我们希望能够参照泰国最重的刑法判他死刑。”

付出过真心，却惨遭背叛和伤害时，比起无底线地纵容和原谅，收回真心，潇洒离开才是对自己最好的选择。

太容易得到的东西总是不被珍惜。你的真心很贵，别浪费，要留着爱自己，爱更值得的人。

让你的气质贵一些

容貌和气质，都是影响一个人整体精神面貌的重要因素。但气质，却是永远超越美貌的存在。

正如伏尔泰所说：美只愉悦眼睛，而气质的优雅使人心灵入迷。

气质，指的是一个人独特的风貌，一个人从外在的动作、谈吐、表情、品味，到内在的性格、品质、气场等，都是一个人气质的体现。外在的气质靠管理，而内在的气质则靠“养”。最能养成气质的方法，就是谚语中留下的那八个字：读万卷书，行万里路。

曾国藩说：“人之气质，本难改变，唯读书则可以变其气质。”

谈到气质，很多人都会下意识地想到以下三个人：董卿、陈果、武亦姝。一位是央视主持人，一位是复旦教授，一位是诗词才女。在任何时候，她们给人的感觉永远都是那么的自信、淡定、从容不迫。她们三位最大的共同点，就是都有庞大的知识积累，而这源于她们十几年如一日地阅读。一个人若是博览群书，胸中有丘壑，自然从容笃定，不卑不亢。

行万里路，重点不是在于去了多少名胜古迹，打卡了多少网红景点。而是在旅行的过程中看到不同的风景，遇到形形色色的人。看到名山大川，尝到人情冷暖，明白世界不止是自己眼前的一席之地，生活更是有无数种可能。眼界自然变得开阔，性情也会随之坚毅沉稳起来。

再美的容貌也会老去，但不凡的气质却始终如一。衣着得体，容止有仪，淡定独立，永远是一个人最贵的气质。

让你的健康贵一些

叔本华曾说：“人所能犯的最大错误，就是拿健康换取其他的身外之物。”

但是还是有很多人前赴后继地这样做着。

长时间熬夜，缺乏运动，饮食作息不规律，在不知不觉间掏空着人的身体，但是总有人能为这种堪称慢性自杀的行为找到各种各样的理由：为了生计，为了家庭，为了下一代……

在他们眼中，健康成了最廉价的筹码，可以为了换取金钱和权力不断拿出来交易。但却似乎忘了这个交易是不可逆的，年轻时拿命换钱，到老了拿钱却换不回命。更坏的结果是，有可能都活不到老的那天。

从因患淋巴癌而猝然离世的 41 岁蚂蚁金服高管毛军华，到在高铁上猝死的年仅 20 岁的模特江静娜，他们的不幸离世都在提醒着我们，无论多大年龄，无论什么地位，只要透支健康，死神离我们永远只有一步之遥。李开复也曾经为了理想而豁出命去奋斗，但是在患癌之后他醒悟道："牺牲健康去换取所谓的成功和梦想，简直是天大的笑话。原来，亲人们要的不是美誉天下的名人，而只是个健康快乐的家人。"

住过 ICU 的人都知道，那里面的花费平均每天上万元。普通人累死累活大半生攒下的积蓄，可能还不够维持几个月的性命。那些为了家庭和孩子拿命换钱的人可能没有想过，自己一旦倒下，对于家庭就是一场情感和经济的双重灭顶之灾。

只有保持着健康的身体，才是对自己和家人最大的负责。有了健康，才能陪伴孩子长大；有了健康，才能陪伴爱人白首；有了健康，才能陪伴父母到老。

你的健康很贵，不要拿去换那些迟早都会有的东西。

用一个健康的身体去读书，去旅游，去爱一个值得你爱的人，然后跟他携手共度平静美满的余生，才不算在这世界上白来一遭。

人生最值得炫耀的，不是工作，不是财富，而是……

张牧野

人生下半场，拼的是健康。

之前，看到过这样一段话：

不要晒你的钱，到了医院，钱都不值钱；

不要晒你的工作，倒下了，无数人会比你做得更出色；

不要晒你的房，你走了，那就是在为别人做嫁衣裳；

你唯一可以炫耀的，只有你的健康！

健康没了，等于人也就废了，拥有再多的财富，又有什么用？

经济学上，也有这样一个理论：健康好比数字 1，财富、事业、家庭都是 0，只有稳住了 1，才有后面无数的 0，反之，则一无所有。

你的健康，不只属于自己

认识一个朋友，工作好几年了，攒了 20 万元的存款。他和女朋友也谈了好几年了，打算用这笔钱，付了房子的首款就结婚。对未来无限美好的憧憬，却被父亲的一张化验单彻底打碎了。父亲便血，被诊断出直肠癌，晚期。父亲的态度很坚定，放弃治疗。但朋友的态度也很坚定，无论花多少钱都必须治疗，能活一天是一天。

我十分理解朋友的处境，他父亲肯定是不想拖累他，所以才放弃治疗的。可是，作为儿子，难道要活生生看着自己的父亲病死吗？朋友过不了心里这一关，或许他心里也很清楚，挽救不了父亲的生命，最后会人财两空。之所以这么做，是即便父亲离开了，想起父亲他也不会有悔恨的地方。最终，20 万元花了不够，又东拼西凑借了十几万元，婚期也被无限期的延后。

击垮一个普通家庭竟是这么容易，只要这个家庭出现一个重病的患者。

电影《我不是药神》没有贩卖焦虑，也没有刻意煽情，依然戳中了无数人的痛点。看病难，看病贵，普通人根本不敢生大病，一个人生病，全家都会被拖垮。印象最深的是，老奶奶哭着对警察说，我病了 3 年，4 万块一瓶的药，我吃了 3 年。房子吃没了，家人被我吃垮了。我不想死，我想活着。

身体不仅仅属于自己，家庭的幸福也与之息息相关。

一个人失去了健康，不仅自己要承受病痛的折磨，还会给家庭带来巨大的负担。

保持身体健康，才是对自己、对家人最大的负责。

你的工作，离了你没有影响

华为36岁工程师，在肯尼亚过劳死引起轰动。当时，他正在开车，突感身体不适，刚把车停下来，整个人就失去了意识，开始呕吐。尽管立即被送到附近医院救治，最终还是没能抢救过来。在肯尼亚整整22个月，近两年的时间，他都没有休假回过家。出事前2天，他仍在通宵加班，还有33天年假没有休。

一个员工倒下了，但整个公司并不会受到影响，依然在正常运转。但对一个家庭来说，他倒下了，也就意味着这个家彻底失去支撑了。他妻子如泣如诉的文字，读了令人心痛：

> 华为永远不缺少这样的热血男儿，舍小家为大家，攻无不克战无不胜，如今在非洲的各个国家，乃至整个世界家喻户晓，是中国制造的骄傲与自豪。可是，我的小家，从此破碎了。八岁和三岁半的孩子，永远地失去了保护他们的爸爸。一个人对公司来说，可能只是一颗螺丝钉，但对一个家庭来说，就是顶梁柱。

谷歌大中华区前CEO、创新工场董事长李开复曾是一个工作狂。他承诺所有员工，收到邮件10分钟内一定回信，大半夜也一样。在相当长的时间里，为了回复从美国发来的电子邮件，生物钟每晚都会准时在凌晨2点和5点叫醒他。床头的笔记本从来不关机，电子邮件送达的声音一响，他会立刻从床上弹起来。直到2013年9月，他被检查出淋巴癌，4期，身上有20多个肿瘤。康复以后，李开复在接受鲁豫采访时说，自己生病的那段时间，公司并没有陷入瘫痪，乱成一锅粥，一切都在井然有序地进行，他的生病对公司的影响并没有那么大。

后来，李开复在《向死而生》中写道：对人生，最大的心态变化当然是健康。健康不及格可能就没有人生了。你可以努力，但请不要把工作当成全部，也不要因为工作失去生活。别忘了，你还有家人、朋友，或许你在公司里身居要职，觉得离开自己，公司就会受挫，其实不是的，离开你，公司一样能够经营下去。因为这个世界，不缺比你优秀的人，也不缺比你健康的人。

健康，是无限创造力之源

演员舒淇在拍摄完《上海堡垒》后，就停工休息了。外界一直在猜测舒淇停工的原因，后来才知道，原来是常年超负荷的工作，身体受不了了。一年要拍好几部戏，连轴转的活动和拍摄日程，更是忙到她的身体变成了过敏体质，免疫力一年年下降，还一度患上抑郁症。直到身体亮起了红灯，她才迫不得已宣布停工，调整身体。舒淇说，身体不会跟你开玩笑，因为它坏了就是坏了。

这个世界上，从来都不缺乏机会，但如果你没有好的身体条件，再好的机会放在你面前，你也抓不住。

之前，网上曝光了王健林一天的行程表，15 个小时里，要辗转两三个城市，行程被安排得满满当当，几乎没有空隙。即使在如此高强度的工作下，王健林每天依然会坚持健身一个小时，并且这个习惯已经坚持了很多年。

村上春树一定算得上是高产作家，作品加起来超过40多本。但其实写作也是个体力活，需要保持大脑的灵活和身体的健康。为了保持健康，更好地写作，村上春树做了一个决定，就是运动："为了保持健康，我开始跑步，每天凌晨4点起床，写作4小时，跑10公里。"

很多人对工作充满热情，势必要做出一番事业。可即便你再有才华，如果没有好的身体做支撑，也一定走不长远。

拥有了健康的身体，你才有可能创造更多的价值，而人生最大的悲哀不是失败，是心有余而力不足。

健康，是最大的本钱

前几天，有消息说，80%的"90后"不敢看体检报告。熬夜、玩手机、吃外卖、缺乏运动，做了多少有害健康的事情，身体状况是什么样，自己内心非常清楚。

其实，对绝大多数人来说，疾病并不是突然找上门的，而是身体经历了一个漫长的被破坏的过程。为了家人，为了自己，也为了实现更多的自我价值，请务必养成良好的生活习惯。

· 饮食规律，早睡早起

所谓病从口入，均衡饮食，养成到了饭点就及时吃饭的习惯，切忌暴饮暴食。不要熬夜、早睡早起，经常熬夜会导致身体机能下降，免疫力差了，疾病自然而然就会找上门。

· 压力别太大，保持心情舒畅

每个人都有各种压力，但一口气吃不成个胖子，别给自己太大压力，循序渐进。适时释放自己的压力，尽量每天都保持心情愉悦，90% 的疾病都和情绪有关，心情好了，身体也就好了。

· 定期体检

一台机器作业时间长了，都要定期检查维修，更何况我们的血肉之躯。医生得出一个结论，癌症并不可怕，可怕的是发现不及时，错过了最佳治疗时间。很多早期疾病，通过体检都可以检查出来。所以，一定要养成定期体检的习惯。

· 经常运动

经常运动的人，细胞衰老缓慢，身体会有更多活力，身体的各项机能都要比不运动的人好很多。拥有健康的身体，才是终身浪漫的开始。

人生是一场漫长的旅行，想要坚持跑到最后，拼的就是健康。

Part 2

与他人·盘盘道篇：

为人处世，你不得不学的道理

后半生最高级的活法，是“不合群”

大　猫

成熟的中年人，都是独立的个体

作家雪小禅曾说过这样一句话：“人到了一定年纪，是往回收的，收到最后，三两知己、一杯浅茶……把生活活成自己的样。”

综艺节目《向往的生活》里，有一期请来了很多年轻明星做嘉宾，大家坐在一起聊过往，其乐融融，但一向以高情商著称的黄磊却表现得很是疏离，直到老朋友来了，他才喜笑颜开。夜里大家围在一起，以真心话的名义袒露心扉，黄磊才说出了实话：“你们一堆人来，其实我没什么感觉。因为我跟你们也不熟，我没必要跟不熟的人瞎扯。”这样“不合群”的黄磊让观众感到有些陌生，可但凡有几十年生活经验的人，都会理解黄磊。

人到中年，合不合群真的没那么重要，有独立的人格才更重要。

真正成熟的中年人，不会为了迎合别人，而打乱自己的节奏。以牺牲自我为代价来达到“合群”的目的，会显得过往的生活经历都是笑话。

余华曾在《在细雨中呼喊》一书中写道：“我不再装模做样地拥有很多朋友，而是回到了孤单之中，以真正的我开始了独自的生活。有时我也会因为寂寞而难以忍受空虚的折磨，但我宁愿以这样的方式来维护自己的自尊，也不愿意以耻辱为代价换取那种表面的朋友。”

人到中年，时间更显得宝贵，牺牲时间和精力去维持一些表面的虚伪社交，实在是得不偿失。

成熟的中年人，都会在漫长岁月里将自己打磨成独立而强大的个体。

人到中年，需要自己的空间和自由

著名的杂志《经济学人》，把亚洲中年人称为“三明治一代”：他们上有老下有小，不论在工作上还是在家庭中都是顶梁柱，背负着全家的花销，肩负着难以承受的压力。这样的中年人，似乎是最没有独立空间的一群人。可也正是这个阶段的人，才最需要自己的空间和自由。

《礼记》有云：“此谓诚于中，形于外，故君子必慎其独也。”

人到中年，容易被外界的压力逼迫到喘不过气，内心最需要的是空间和自由。

陈道明作为老戏骨，不但演技颇受好评，而且才华过人。

他闲暇时，从不喜在饭局上觥筹交错，更乐意一个人待在家，练习书法、弹琴看书，甚至钻研古籍，写几篇杂文。好友冯小刚笑他有成天宅在家的工夫，倒不如参加一场饭局更有用，他却不以为然。

如果人生都要追求“有用”，不能获得真正的自由，又有什么意思。虚无的社交背后是一群人孤独的灵魂，而愿意把时间和空间留给自己的人，才能够真正做到自由且充盈。

我们经常会在影视剧里看到这样的场景：中年上班族，白天在公司被老板训斥，工作中又遇到客户刁难，回家路上一个劲的堵车，似乎总有一堆的不顺心等着他。而回到家，可能还要面临妻子的责备和孩子急于寻求陪伴的声音。所以当电视剧演到这里时，我们总会看到这样的剧情：那个满身不顺心的中年人，在家门口的楼下，坐在车里，点上一支烟，享受这一天中唯一一刻属于自己的时间。烟灭后，整理装束，带着微笑，踏进家门，把一切的不开心关到门外。

中年人，是需要自己的空间的，不管是车里、书房里或是某一家爱吃的餐厅，在最烦心的时候，需要有一个真正属于自己的空间，可以放松下来。

不需要向家人隐瞒，也不需要向朋友坦露，卸下名为“合群”的标签，在这一刻，做真正的自己。

“不合群”的中年人，都活出了自己

记得《济公》的主题曲歌词很有意思：“一半脸儿哭，一半脸儿笑，是哭是笑只有我知道；一半脸儿悲，一半脸儿欢，悲欢离合人间是常道。”

这歌词的背后，不就是大多数人活了半辈子才明白的道理吗？

人生这场旅途，会有无数人与你同行，但不会有人一直陪你走下去，很多中年人过了大半辈子才明白，只有活出自己才是最有用的。能够无视非议、不在乎他人看法的人，才能活出真正的自我。虽然我们无法阻止岁月在脸上留下痕迹，但我们可以不让世俗影响自己，变成与路上的张三李四无异的人。

奥运游泳纪录创造者菲尔普斯，从小轻度自闭，即使长大训练时，也不喜欢同旁人交流，只是专注于自己的游泳训练；著名作家巴金，在创作他的三部曲时，几乎不与当时主流文化界的人接触，他不愿参加组织，也不关心文艺界的分歧，只是专心写自己的作品；朴树不善言辞，从不喜与圈内人打交道，很少出现在人们视线中，只是默默做着自己喜欢的音乐事业。

他们并没有因为不合群，而失去自己的事业，相反，因为“不合群”，他们反倒更加专注于自己想做的事。

“不合群”的人，都把时间留给了自己，不断提升自己，从而活出了真正的自我。

人到中年，最该省去的就是那些没有用的社交，只有将圈子缩小一点，才能把最想留的人留住。把时间给予最珍贵的家人和最真心的朋友，更重要的是，给自己自由。少了很多叨扰，清清静静的生活，才是中年人最有福气的生活。

人到中年，大半辈子过去了，世间人情冷暖几乎见识了个遍，内心更明白，唯有靠自己才是最现实的。“不合群”没有什么不好，活得高级的人，往往都只享受一个人的状态。

爱而不得的学会放弃，融不进的圈子不要硬挤，人到中年，要学会“不合群”。

不要高估你和任何人的关系

大　猫

生命这趟旅程，来来往往很多人，有些人陪你走过最艰难的一段，有些人陪你嬉笑最快乐的一段，有些人只停留一瞥就匆匆离开。

你总会遇见新的人，也会在不经意间永远地告别某一位很重要的人。这本就是一趟不断遇见又不断告别的列车，真正陪你走到终点的只有你自己。

所以，不要高估你和任何一个人的关系！

不是有了付出，就一定能有回报

知乎上有人曾问了这样一个问题：为什么付出越多越容易受伤？

其中一条回答得到了高赞：因为你付出的越多，牺牲越大，对方越觉得理所应当。

电影《被嫌弃的松子的一生》里，主人公松子为了得到恋人的重视，不断以卑微讨好的姿态取悦对方，付出了所有的爱和尊严，却没有得到对方的珍惜。原本明媚的一生，最终却落得个悲剧的结尾。

情深不寿，慧极必伤。

在我们所接受过的教育里，几乎所有的道理都告诉我们，付出是一定会有回报的：只要努力学习，就可以考上好的大学；只要努力工作，就可以获得升职加薪；只要努力打拼，就能提高收入和地位。

但感情这种关系，和大多数实质性事物并不相同，付出了所有，却得不到相应的回报，是再常见不过的事情。你越付出，对方越觉得理所应当，越觉得你不重要，不论爱情、亲情抑或友情，都是如此。

不要太过高估你和别人的关系，你的付出，未必能得到你期待的回应。以平常心去看待每一段关系，如果你觉得值得，便努力付出。

即使有一天你发现自己没有得到期待的回报，也无须难过，因为你享受了这段关系中最美好的时刻，这就够了。

别试探人心，别验证感情

东野圭吾的《白夜行》里有一句很经典的话：“世上有两样东西不可直视，一是太阳，二是人心。”

尘世繁杂，抱着试探人心的方式，去验证感情，只会让这段关系走向破裂。

之前在网络上热传一段国外测试男友忠诚度的节目。女嘉宾为了验证自己在男友心中的位置，找来性感美女，搭讪男友。自己则躲在镜头后，观看男友的反应，结果男子毫无防备地入了圈套。两人在节目上大吵了一架，本该将结婚提上日程的小情侣，就这样不欢而散。

作家刘墉曾说过："如果你同时养了猫和鱼，猫吃了鱼，你除了责备猫，更应该责备自己。同样的道理，当你明明知道人性有弱点，却不加防范，而且吃亏的时候，除了怨恨那个人，更应该检讨自己。"

对爱人不信任，对朋友猜疑，又或是对自身不自信，迫使我们产生验证感情的想法。但当你迈出试探人性的那一步时，一旦触碰到了感情的阴暗面，你得到的结果将会是永远地失去这段关系。

感情不是用来验证的。猜忌这把刀，会刺伤平和稳定的关系。

最好的关系，是"没关系"

刘若英和丈夫的婚姻状态一直被人们津津乐道。在这个讲究夫妻亲密无间、同心协力的社会关系里，她和丈夫却保持着各自十分独立的状态。刘若英喜欢在自己的房间里写稿、看书，而他的丈夫也在另一个房间里做自己的事情，两人互不打扰。他们一起出门，却去不同的电影院，看不同的电影，回了家就一个往左，一个往右，卧室和书房都是独立使用的，只公用厨房和客厅。也许在很多人看来，这样的关系未免太像陌生人了，但事实上他们的感情却好得很！

她曾说过这样一句话："相处就像是把两个独处放在一起。在一起时像黏土，形塑成第三种样貌；分开时候像磁铁，彼此相吸却又各自独立。"这样保持着距离的关系，看似"没关系"，实则是最稳定的关系。尊重彼此的生活状态，不过度干涉对方的生活，也在各自的空间里大展笔墨。

最好的关系，就是彼此独立，却又相互支撑，不会在意谁在谁心里是不是有多重要的地位，不强求、不过度依赖。

愿我们总能在感情里保持清醒，独立强大。

感恩生命中出现的每一个人，也不要让自己在任何一段关系里受委屈。

余生做好自己，让亲疏随缘，让爱恨随意。

有一种尊重，叫“收到请回复”

之　歌

“回复”和“反馈”是一个人靠谱的最好证明。

每个用微信的人，几乎都遇到过这种令人感到抓狂的情况——你的信息发出去，犹如石沉大海，没有一点回音。那些不回信息的人，有可能是没看到信息，有可能是没有时间回，也有可能，就是懒得回罢了。总会有人认为，一些信息“看到就行了，不用回复”，可他们却忽视了发信息的人急切等待的心情。

“收到回复”是一项基本礼仪，也可以说，是能够体现一个人品行的地方！

收到回复，是一种尊重

有一次，一个做人力资源的朋友怒气冲冲地向我吐槽。

她说，前几天她们公司要开例会，而且大领导也要到场，要公司里每个人都务必出席。最开始，她在公司的微信群里发了通知，告诉大家明天要开会。可消息发了半个小时，群里安安静静的，一个回复的人都没有。她想着大家可能都在忙，或者是开了消息免打扰，于是又发了一遍通知，并@了所有人，加上了一句“收到请回复”。这次，同事们开始陆陆续续地在群里发了“收到”，可直到那天下班，还是有两个同事没有任何回音。下班之后，朋友左思右想还是不放心，直接打电话去联络那两个同事，结果，一个说“不好意思啊，我还以为我回过了呢”，另一个说“我看到通知了，知道了就行了，不必非得回你吧”。这两个人的态度，把朋友气得不轻。

的确，现代的通信科技越来越发达，微信几乎代替了电话，在这个人人手机不离手的时代里，我们习惯于接受信息，却时常忘了“收到回复”这一项重要的社交礼仪。

我曾调查过身边的朋友，发现其实很多人都没有“收到回复”的习惯。有的人说自己是“懒癌”，懒得回这种通知类的信息；有的人表示，“反正我已经接到通知了，到时候按通知去做就是了”；有的人说：“我一天会收到很多通知，每个都回复太麻烦了”……

可动动手指，用不到10秒的时间回复“收到”两个字，真的有那么麻烦吗？

将心比心，不知你有没有想过，发送通知的人收不到大家的反馈，心里会有多焦急？多担心？为了能够确认对方真的收到了信息，发送通知的人往往还要耐着性子，一个一个地去私聊，真的是既浪费时间，又浪费精力。而如果我们能主动回复一句“收到”，便可让对方轻松很多。

这是一种对他人的尊重，也是我们自身责任心的体现。

懂得体贴和尊重他人的人，人品一定不会差！

做事有回复的人，最靠谱

曾在知乎上看到过这样一个问题：什么样的行为，会让你觉得一个人很靠谱？

其中一个高赞回答是：收到消息，会立刻回复的人。

深以为然。

“收到”两个字看似简单，里面却蕴含着一种契约精神。回复了“收到”，仿佛就是在说：“我已知道并且理解这件事了！我会按时完成这项任务的！”遵守契约，主动承担起自己的责任，就是一个人靠谱、有担当的表现。

罗振宇曾讲过这样一个故事：

在他初入行做记者时，一位老记者跟他说，海尔集团在管理上非常注重执行和反馈的“闭环”。为了给罗振宇做示范，老记者随手拿起了电话，打到了海尔的总部。电话接通后，他直接说：“我要找罗振宇。”总部的客服没有怠慢，问：“请问他是哪个部门的？”老记者随口编造了一个部门，客服记下之后说：“您给我几分钟，我来查一下，让他回电话给您。”名字和部门都是编的，大家都知道最后的结果肯定是“查无此人”。一般到这里，都会被认为是骚扰电话，就这么算了。但过了一会儿，他们又收到了海尔客服打来的电话："整个海尔都查过了，没有找到这个人。"找人其实并不是一件难事，但难就难在，做一件事情有始有终，把一个任务做成一个"闭环"。细节见人品，一名总机接线员尚且如此，可见整个企业的用心和可靠程度。

曾在网上看到过这样一个小故事。

某公司领导让员工小王去办公司要用的资格证。3天过去了，都没有得到任何回复。领导终于忍不住私信了小王，问："证件办下来了没有？"小王说："昨天就办下来了。"领导又问："办下来怎么不提前说一下呢？"小王回答："您也没问呀！"领导听完，便觉得小王十分不靠谱，以后有重要的事情，都不再交给他去做了。

股神巴菲特曾说过："靠谱，是比聪明更重要的品质。"而"回复"和"反馈"其实就是一个人靠谱的最好证明。

大事看能力，小事看人品。

所谓靠谱，其实就是凡事有交代，件件有着落，事事有回音！

收到回复，是一种在乎

有人说："一个人回复你信息的速度，代表着他对你的重视程度。如果他每次都能秒回你的信息，那么他一定非常在意你的感受。"其实对于微信里的信息，不论是家人发来的，还是同事发来的，你不一定要"秒"，但却一定要"回"。哪怕是一句“在忙，稍后回”，也可以免除给你发信息的人心中的担忧与猜测。

朋友柚子说，她刚谈恋爱的时候，经常因为男朋友不回信息感到纠结、难过。

通常都是她发过去好几条消息：

嗨，在忙吗？

睡了吗？是不是在打游戏呀？

今天晚上吃了什么？

今天累不累呀？

你有没有收到我的信息……

而对方却像一口井，一点回音也没有。

等到柚子忍无可忍地去兴师问罪的时候，她的男朋友才连连赔礼道歉，说手机开会的时候静音了，刚刚在客厅看电视，不知道手机里收到了信息。这种得不到回应的感情常常让柚子感觉患得患失，暗自生气。

有一次柚子和男朋友认真地说明了自己的感受，男朋友才意识到问题的严重性，并且承诺，回家以后手机再也不关静音，会认真及时回复柚子的消息。后来，他们微信里的对话有来有回，柚子不再患得患失，两人的感情也越来越稳定了。

一个简单的回复，虽然看起来不起眼，但却是你对一个人在意的最佳证明。

收到了恋人“我很想你”的甜蜜信息，回复一下，“亲爱的，我也在想你”；收到了家人“最近怎么样”的关切信息，回复一下，“我最近挺好的，不用担心”；收到了同事“记得明天开会”的通知信息，回复一下，“收到，谢谢”。

回复信息，看似是一件简简单单的小事，却能体现出一个人的人品。短短的几个字，不需费太多的事，映射出的，却是一个人的责任心。

愿我们都能做一个“凡事有交代，事事有回音”的，受人喜爱的，“靠谱”的人！

“冷处理”，聪明人的做事方式

张一条

冷处理，给自己回旋的余地

室友上个月辞职了，说实话听到这个消息的时候我挺意外的。

我们屋里三个女生，她永远是最晚出门最早回来的那一个。“钱多、活少、离家近”，这样一份我们羡慕都羡慕不来的工作，她竟然说辞就辞了。问了一下才知道，辞职的原因就是一点鸡毛蒜皮的小事：

写出来的稿子老板不满意，连续返工了三四次。这换在平常也不是什么大事，偏巧那天她心情不是很好，一来二去的就有点上火，老板说一句她怼一句，俩人越吵越激烈。最后她直接把文案一摔，不干了。

跟我们诉苦的时候她还在气头上，对自己刚刚的“壮举”没有丝毫后悔。她说：“什么破工作，我才不在乎，北京工作机会那么多，我辞了这个还能饿死不成？”她当然没有饿死，而且在一周内就迅速找好了新的工作。但是换了这个工作之后，我就再没见过她在晚上十点之前到过家，甚至有时候周六周日，也要一大早地去公司加班。

上周她发高烧请假在家，下午两三点钟的时候一个同事给她发微信问："宝宝你好点了吗？"还没等她回复，紧接着六七条工作内容就发了过来。她一边哭着处理这些工作一边跟我说："你说我当时怎么就那么冲动呢，要是再冷静点就好了。"

"要是当初再冷静点就好了"，这几乎是每个人在冲动后心情平复时都会想的一句话。

要是再冷静点，就不会辞职了；要是再冷静点，就不会跟朋友吵架了；要是再冷静点，这桩生意没准就谈成了……很多看似激烈的矛盾背后都不是什么不可调和的原因，只不过是你一句我一句，话赶着话，就越吵越上头，然后就被情绪推搡着做出一些本该慎重考虑的决定。

生气的时候头脑发昏，想着"这人怎么这么烦""忍不下去了"，恨不得跟对方同归于尽，但冷静下来之后就会发现，让自己气得不行的，根本不是什么了不得的大事。但是说出的话已经不能撤回，造成的损失也无法轻易弥补。

如果不想让自己陷入无休止的后悔，就需要在头脑发热时，及时让自己"冷"下来。

冷处理，给自己缓冲的时间

“冷处理”不仅适用于为人处世，也适用于婚姻生活。

世界上没有不吵架的夫妻，甚至可以说，人这一辈子吵架最多的对象就是自己的另一半。

在一项为期三年的研究中，很多夫妻报告他们每个月都会经历一两次“不愉快的争论”，并且这个频率在三年中并没有发生变化。既然冲突无法避免，那么学会如何解决冲突就变得相当重要。

电视剧《人民的名义》中，李达康和欧阳菁这对怨侣的扮演者在现实生活中却是一对有名的模范夫妻。从校服到婚纱，几十年的时光里双方依然恩爱不减。就连各自外出拍戏时，也要保证每天给对方打个电话汇报一天的工作。在做客《鲁豫有约》时，欧阳菁的扮演者岳秀清说起双方产生矛盾时的处理方法：“他发火了我不会再去跟他顶，这样俩人就打不起来了，这阵儿过去就好了，待一会儿他也好了，然后他会买我爱吃的。”

避开气头上吵架，才是最明智的做法，否则只会使战火不断升级：一开始可能只是因为你少刷了一个碗，吵着吵着就变成了“你为什么偷偷藏了那么多私房钱”“上个月给你献殷勤的男同事是谁”“十年前我怀孕时想吃桃子为什么你不给我买”。

《奇葩说》的辩手詹青云曾说，即便是吵架，也是为了让关系更亲密。但是按这样的方式吵一通，双方关系非但不会更亲密，反而会使裂痕加深。长此以往，婚姻关系就会濒临破碎。婚后 80% 的感情都是吵没的，如果珍惜自己的婚姻，就要在冲突爆发时，给自己一个冷静的时间。

冷静下来，很多问题就迎刃而解了。

冷处理，给自己掌握人生的权利

很多人会把“冷处理”和“冷暴力”相提并论，所以一听到“冷处理”这个词就会下意识地反感，甚至还有人说“冷处理，冷着冷着就凉了”。

但这两个词虽然看着相似，却绝对不是一码事。

我姑父就是冷暴力的一把好手，每次跟姑姑吵架或者有分歧时，他就开始不说话，完全把姑姑当成空气，直到姑姑妥协按照他的意思来办事。后来姑姑离婚再嫁，跟现任老公依然会时不时有摩擦，但是每当冲突发生时，他都会跟姑姑说，我们先各自冷静一下，十分钟之后再谈。等双方都过了气头，他们会再坐到一起讨论出一个双方都能接受的结果。

冷暴力的本质是逃避问题，而冷处理的本质是为了更好地解决问题。冷暴力是为了伤害，但冷处理，是为了避免伤害。

日本有一个古老的传说，一个脾气暴躁的武士质问一位禅师，何为极乐世界，何为地狱。禅师说：“粗鄙之辈，何足论道！”武士听完暴跳如雷，从刀鞘中拔出长刀，叫嚣着要杀了禅师。这时，禅师平静地说：“彼为地狱。”武士突然明白，所谓地狱，就是被愤怒所控制，于是立刻平静下来，收回刀，并向禅师鞠躬，感谢他的点拨。禅师又说：“彼为极乐世界。

一念天堂，一念地狱，往哪里走，纯粹靠自己的意志。

都说人是情绪化的动物，因为在愤怒的一瞬间智商会变为零，但是在几分钟之后就会恢复正常。而冷处理，就是让自己在那几分钟之内，竭力保持冷静。别说让自己后悔的话，也别做让自己后悔的事。

生活里没有“早知道”，也没有“要是当初……就好了”，覆水难收，破镜难圆，唯一能做的，就是在愤怒的当下保持冷静，避免悲剧的发生。

真正厉害的人，不是完全戒掉了情绪，而是能够控制情绪。

控制住情绪，才能掌握人生的主动权。

“冷”一会，你就赢了。

细节告诉你，身边的人谁最靠谱

张一条

有人说，跟你走得最近的几个人，能够决定你的人生走向。与什么样的人结伴前行，也在潜移默化地影响着自己的命运。

这样一来，与靠谱的人交往就显得至关重要。身边的人靠不靠谱，细节告诉你。

言而有信

诚信这个词，我们从小念到大。从幼儿时期的学前故事，到初中的《论语》，无一不在提醒我们，诚信的重要性。

诚信不仅是一个优秀的品质，更是衡量一个人是否靠谱的准绳。

金铺镇金铺村北的鸡黍台旁有一座二贤祠，里面供奉的，是一对因守信而闻名的至交——范式和张劭。范式年轻时在太学求学，与张劭成了同窗好友。求学结束后，二人各自返乡时，范式对张劭说，两年之后他会去张劭的家里，拜访他的父母，看看他的孩子。两年后，当约定的日子快要到的时候，张劭把这件事告诉他的母亲，并请母亲准备好酒菜招待范式。母亲问："你们已经分别两年了，千里之外约定的事情，你真的相信他会来吗？"

张劭回答："范式是一个言而有信的人，他一定不会失约的。"于是母亲依言为他们准备酒菜。到了那天，范式果然依约前来，两个人互拜对饮，十分畅快，二人也因此留下了"鸡黍之交"的美名。

很多人应该都有过被人开空头支票的经历，对方信誓旦旦地许下承诺，你满心欢喜地等着他履约，最后发现人家只是说着玩的，根本没往心里去。

希望落空的滋味不好受，这也就更衬得言而有信的人是多么可贵。

如果身边有一个无论大事小情都言出必行的人，请务必珍惜。

不吹嘘

上大学的时候，学校里举办过一次聚会。席间大家聊着聊着，就聊到了假期去哪玩的问题。有一位同学发言特别活跃，一直在眉飞色舞地跟大家讲他去过多少国家，游览过多少名胜古迹。然后他说，将来想要去哪玩需要攻略的，尽管找他。

有一个同学就顺口问了一句："你去过泰姬陵吗？那里怎么样，值不值得一去？"结果他说："泰姬陵啊，我去过，但没什么好看的。泰国又热，不建议去。”这话一出，大家你看看我，我看看你，谁都不说话了。虽然那天没有人当众拆穿他，告诉他泰姬陵其实是在印度，保全了他当时的面子。但是在聚会结束后，他挨个加着大家的微信，拍着胸脯保证，将来遇到什么难处尽管找他帮忙时，大家都只是一笑而过。

一个爱吹嘘的人说的话，谁敢当真呢？

谎话吹嘘得再真，也终有露馅的一天，那时，别人对他的信任也就不复存在了。

鲁迅曾说过：单是说不行，最要紧的是去做。真正靠谱的人，自己有5分就不会说成10分，他们会选择用能力证明自己，而不是靠吹嘘来抬高自己。

有道德底线

知乎上有一个话题：哪一瞬间让你决定跟朋友绝交了？

有一位答主分享了她的经历：

她们小区的外卖一般都会放在门口的架子上，大家按姓名自己取自己的。有一天她室友把饭取回家，才发现错拿了别人的。本来这也不是什么大事，打个电话给这份饭的主人，照原样还给人家就好了。可是她室友一看，这份饭比自己点的那份要更好，更贵，不想还了。在这之前，答主跟室友一直相处得很不错，室友还偶尔会给她做饭，买了水果也会分给她吃，节假日的时候两个人也会一起出去玩。但那一刻她知道，她们两个再也做不成朋友了。一份外卖虽然只有几十块钱，但把别人的东西据为己有，这是道德问题。

即使这个人再温柔，再体贴，再善解人意，当最基本的道德底线都不能坚守时，这一切优点就都成了空谈。今天为了一份外卖丢了底线，明天，后天，遇到更大的诱惑，或是双方有了利益冲突时，谁知道她会不会把刀尖对向自己呢？

但丁曾经说过："一个知识不全的人可以用道德去弥补，而一个道德不全的人却难以用知识去弥补。"

靠谱跟学历、家世、工作、智商都不能划等号，但是跟道德，一定能。真正值得交往的人，一定是心中有道德底线的人。

因为有底线，所以有敬畏。靠谱的人，心中有这条底线拦着，知道什么事情能做，什么事情不能做。即使面对诱惑，也不改初心。

与这样的人交往，才能收获真诚，才踏实。

不拜高踩低

季羡林先生在《中流自在心》中，讨论过"世态炎凉"与"趋炎附势"。

他说：写了"世态炎凉"，必须写"趋炎附势"。前者可以原谅，后者必须切责。

什么叫"炎"？什么叫"势"？用不着咬文嚼字，指的不过是有权有势之人。

什么叫“趋”？什么叫“附”？也用不着咬文嚼字，指的不过是巴结、投靠、依附。趋炎附势的人，古时被称为“小人”。

俄国作家契科夫在小说《变色龙》中，就生动形象地描绘了一个虚伪逢迎、见风使舵的小人形象——巡警奥楚蔑洛夫。

在一起狗咬人的事件中，一开始他以为小狗是普通人家的，态度很是严厉，要把乱咬人的小狗处死，并惩罚其主人。但当他知道这条狗可能是将军养的时，马上就对着受害者换了一张脸：“莫非它够得着你的手指头？它一点点大，你却是个彪形大汉！”……“你这个笨蛋，都是你惹的祸！”……“我还会来收拾你的！”……

见风使舵，拜高踩低，自古以来都为人所不耻。

孟子说：“胁肩谄笑，病于夏畦。”意思是，耸起肩膀故作恭敬的样子，满脸堆笑向人讨好，听这种人说话，比酷热的夏天在田间劳作还要疲惫。

人生的权势富贵，有时就是昙花一现，一旦失意，就如树倒猢狲散。以往那些趋附的人，说不定还会反过头来踩上一脚。唯有对上不谄媚，对下不欺凌，任何情况下都能保持不卑不亢的人，才能够得到身边人真正的尊敬。

情绪稳定

情绪稳定，是成年人的必修课之一。

在《危险人格识别》一书中，情绪不稳定被视为危险人格："情绪不稳定的人往往缺乏控制情绪的能力，一点点刺激就能让情绪成为他的主人。这就导致他们性情多变，且极端跳跃。这类人可能上一秒喜笑颜开，下一秒就会因受某种微小细节的影响变得偏执暴躁。"

和情绪不稳定的人相处，就像揣着一颗定时炸弹，但与情绪稳定的人相处，则如沐春风。与后者相处，不必担心哪句话说错了让对方翻脸不认人，也不必担心他的怒火会波及自身。情绪稳定的人，待人永远是温柔、随和的。虽然不露声色，却能带给我们更多的安全感。

古人云："得一良友，如得一师。"和靠谱的人在一起，近朱者赤，天长日久，自己也会不自觉地被感染，获得正向的能量。

人这一生，良友难遇，但如不挑选，则更难求。愿我们都能擦亮眼睛，找到身边那个靠谱的人。同时，也勉励自身，努力成为一个靠谱的人，赢得身边人的信任和青睐，走得更高，更远。

人品不好的人，往往会有哪些表现？

张牧野

先做一个值得深交的人，再去遇到值得深交的人。

一个人的举手投足间，体现的是他的人品、教养和修为。有些人值得倾心深交，有些人不值得浪费时间和生命，遇到有以下表现的人，还是离得远远的吧。

生气时控制不住情绪的人

曾有个姑娘向我哭诉，谈恋爱的时候，她老公温柔体贴、无微不至，经常送她小礼物，偶尔还会准备惊喜。可是，结婚以后，有一次两个人吵架，气头上，老公居然动手打了她。老公拳头落在她身上的那一刻，她整个人都是懵的，无法相信眼前这个男人是那个曾把她宠成公主的人。

为什么结婚不到一年，她老公会性情大变，像是换了一个人？

谈恋爱时，他对你体贴入微，这是他人品的最高处，而他人品的最低处，就是个家暴男。结婚前，很多人都只注重人品的最高处，而忽略了人品的最低处，这就导致了在婚后，见到对方人品的最低处时的大惊失色。

经济学家薛兆丰说过这样一个观点：“你能不能跟一个人结婚，愿意不愿意跟一个人结婚，不是看人生最高处，而是看最低处。不是看这个人最好的时候是什么样子，而是看他最低处时你是否还能接受。”

还有句话是这样说的：看人，不要看他得意时，要看他失意时。

生气时的表现，最容易暴露一个人的本性。

胡适和太太江冬秀的脾性是正负极，胡适温文尔雅，江冬秀强势火爆。每次吵架的时候，江冬秀都得理不饶人，据理力争，经常气得胡适抓耳挠腮。每当这个时候，胡适就会跑到厕所，把牙刷放在杯子里，弄出很大的响动，借此发泄胸中的闷气。即便生气，也不轻易出口伤人，更不会有肢体冲突，这就是胡适为人处世的底线。

很多人表面看上去，和和气气、笑容满面，这也许是为人处世的“保护色”。他人品到底是什么样，在生气的时候，才会暴露无遗，也就是人品的最低处。

看清一个人最低处的模样，就像给自己的心里打了一剂预防针，让我们更加明白哪些人值得深交，而哪些人则应该尽早保持距离。

不孝顺父母的人

讲一个发生在身边的故事。

我父亲认识一个人，这人在当地小有“名气”，与其说是名气，不如说是笑柄。因为他不愿赡养父母，也不给父母生活费，还直接把父母从家里赶了出来。他的父母被赶出来后，就租了一间平房，独自生活。因为儿子不愿意出生活费，老两口又要生活，所以老头就在市区找了个看大门的活儿。老头每天早晨骑电动车去上班，晚上下班又骑电动车回来。有一年冬天，早晨天还没亮，老头骑车去上班，在一个拐弯处发生了车祸，去世了。活着的时候，被儿子扫地出门，没想到死了以后，他儿子表现得可“积极”了。儿子找到肇事者，声泪俱下地说：“你撞死了我父亲，必须赔偿。”狮子大张口，一下子要了 80 万元。具体赔偿了多少钱不得而知，但这事了结以后，他在市区买了一套楼房，而他的母亲，却依然住在那个租来的平房里。

对待父母的态度里，往往藏着一个人最真实的人品。

《劝孝歌》言：慈乌尚反哺，羔羊犹跪足。人不孝其亲，不如草与木。

一个人如果连给予他生命的父母都不爱，泯灭了良知，又怎么可能去爱别人呢？一个心中没有爱的人，拿什么值得你深交，值得你付出？

遇事喜欢逃避的人

云南昭通，9岁的小女孩灿灿不幸罹患血癌，前前后后住了38次院，陪在灿灿身边的人只有妈妈。自从检查出血癌后，爸爸以打工为由，出去就再也没有回来过，像是彻底从人间蒸发了。妻子发微信给他，发现微信被拉黑了；打电话给他，发现电话也被拉黑了。后来，终于千方百计联系到了丈夫，没想到丈夫却说了一句：灿灿采血化验的时候，我趁机做了一个DNA检测，结果证明孩子不是我的。

丈夫非但没有承担起作为父亲和丈夫应尽的责任，反而诋毁妻子。

遇到困难，逃避是本能，但选择坚持，更是一种品质。

丘吉尔说：一个人绝对不可在遇到问题时，背过身去试图逃避。这样做，只会使问题进一步恶化。但是如果立即面对问题、毫不退缩去履行该有的责任，问题总会有解决的方法。

我曾在某活动策划公司工作过一段时间。只要遇到大型活动，整个公司从上到下都很忙碌，分工也很明确，文案部出文案，策划部出方案，活动部出执行方案。我当时在文案部，需要配合活动部写一些文案。活动部有两个领导，我一般都是找“二把手”对接工作。很多次去找他，他拿不定主意，也不找同事协商，而是直接把责任推给“一把手”。后来我发现，这个“二把手”在活动部口碑也不好，下属不喜欢他，“一把手”也不待见他，而他之所以待在公司，是因为和老板有某种关系。

遇事喜欢逃避，不想办法解决的人，人际关系必定会越来越差，因为你对待朋友的态度，决定了朋友与你交往的程度。遇到一点困难和挫折就逃避的人，大都没有上进心，他们不是想着怎么解决，而是想着怎么逃避。

这样的人，无论是跟他交友，还是结婚都要慎重。

如果一个人在婚姻里没有担当，怎么保障一个家庭的稳定和幸福；如果一个人在工作中没有担当，只会不断地拖累你，让你替他干更多的活。

不逃避，能扛事，是一个人最了不起的品质。

一个能扛事儿的人，就像一棵大树，历经四季的风霜雨打，却依旧挺立。

言而无信的人

很多人都说谈钱伤感情，可往往谈钱也最能看清一个人。

生活中，我们难免会遇到手头紧张，需要问朋友张口借钱的情况，反过来，朋友也会有问我们借钱的时候。借钱，并不是一件稀罕事，也不是什么难堪的事，但无论是借钱，还是还钱都隐藏着一个人真实的人品。

愿意借钱给你，说明这个朋友很靠谱，他把你当朋友。可是，有些人你把他当朋友了，他未必拿你当朋友。

有一次，高中室友大半夜打电话找我借钱，说是出了点意外，急需用钱，承诺下周就还我。当时，我刚到北京没多久，手头上并没有多少钱，可碍于情面，我还是借了他一千块钱。他自然没有如期还我，即便是到了今天也没有还。当然了，我也从来没要过，后来也把他拉黑了。

也有朋友责怪我，说我也有错，借出去的钱干嘛不要。我说："我不想撕破脸，毕竟大家在一个宿舍睡过三年，即便没有感情了，我也想体面地分别。"

在借钱的过程中，可以探出人性，看透人心。

很多时候，我们在乎的并不是这几个钱，更在意的是被自以为信任的人利用和欺骗的感受。

网上经常看到，情侣分手后，男生算了一大笔账，要女生把花自己的钱还回来，其中包括买口红的钱、吃饭的钱，甚至是打车送女生回家的钱。说实话，我经常为女生跟这样的人分手而感到庆幸，与这样斤斤计较的男人在一起，结婚以后怎么可能幸福。男人为你花不花钱，能看出来他爱不爱你，但花了钱以后，一旦感情生了罅隙，他对待为你花了的钱的态度，也能看出他曾经是真心，还是假意。

人面对金钱的反应，是最真实的，对钱的态度无处隐藏。

知乎上有人提问：如何判断一个人是否可以深交？

有条高赞回答是：想要拥有值得深交的朋友，最好的办法就是先变成自己想深交的那一类人，然后主动吸引优秀的人做朋友。

所谓人以群分，物以类聚。我们在判断一些人是否值得深交前，自己一定要先变成值得被人深交的人，这样我们才有可能遇到值得深交的人。否则，身边充斥的大都是为了利益而聚拢起来的人，一旦失去了利益，也就一哄而散了。

高质量的友谊，总是发生在两个优秀的独立人格之间。

希望你即使身处逆境，事事不顺，陪伴在你身边的也都是一些真诚、可靠的朋友。

一个人最大的能力，是让人对你放心

张一条

让人放心，是最出色的履历

2019 年，“桂林机长”一事曾冲上微博热搜。

在飞机行驶的过程中把无关旅客请进驾驶舱，这无异于把机上所有人员的生命当成儿戏。试想一下，如果这位旅客在喝茶拍照的过程中碰洒了茶水或者不小心按到了哪个按钮，那将造成多么严重的后果。

几年前俄航 593 号航班坠毁，机上 75 人无一生还，就是因为机长擅自把两个孩子带进了驾驶舱，并让他们在自己的位置上尝试驾驶。

明明早有前车之鉴，还有人重蹈覆辙。事情越炒越热之后，桂林航空方面发布了声明，表示涉事机长已被终身停飞。有记者从民航业内人士处了解到，当事机长被桂林航空停飞后，将无法以机长身份转去其他航空公司。如果想从头开始，需以学员身份报考其他航空公司，但也要看其他航空公司的要求。可想而知，这位机长将来的求职之路不会十分顺利。有了这样的前科，谁还能放心把飞机交给他开呢？

在职场中最重要的能力，恰恰就是“让人放心”。

前几年实习的时候，公司有个同事A特别聪明，老板的意思他总是第一个明白，别人要做一上午的事情他两个小时就能解决。老板很喜欢他，但在公司接了一个大项目的时候，却选了同事B做牵头人。原因很简单，同事A聪明，办事却不靠谱，之前因为各种各样的原因搞砸过好几件事。而同事B虽然头脑不如同事A灵活，出活也慢，但交到他手上的事情从没一件出过差错。

“跟聪明人可以说说话，但是事情还是要交给放心的人来办。”这是老板私下里说过的话，我记了很多年。聪明、懂得察言观色、会沟通这些品质想要成为一个人的加分项，都需要以“让人放心”为大前提，否则一切都是空谈。

让人放心，才是职场中最核心的竞争力。

让人放心，是最动人的情话

以前看《红楼梦》，三十回之前最不喜欢的就是林黛玉，觉得她整天使小性子，爱哭，还特别爱吃醋。薛宝钗有个金锁，她耿耿于怀，时不时地拿“金玉良缘”来戳贾宝玉的心窝子。史湘云有个麒麟能和贾宝玉的“通灵宝玉”配成一对，她知道之后又怕他们二人像外传野史里说的那样“由小物而遂终身”，做出些风流佳事来。所以史湘云到贾府跟贾宝玉见面，她都打算去听听墙角。可是这么一个“小心眼”的人，在贾宝玉对她说了三个字之后，就再也没因为什么金锁、麒麟之类的东西跟贾宝玉闹过脾气。

那三个字是“你放心”。

贾宝玉对林黛玉说过的话很多，但最动人的是这一句。“你放心”既是情话，也是承诺。它背后隐藏的意思是：我保证，所有你担心的事情都不会发生。所以黛玉听了后的反应是，“如轰雷掣电，细细思之，竟比自己肺腑中掏出来的还觉恳切，竟有万句言语，满心要说，只是半个字也不能吐，却怔怔地望着他”。

蒋勋在讲述这一段情节时评价道：“这是《红楼梦》里最动人的‘情’的描绘，人在一生当中，哪怕只听到过一次这样的话，感受过一次这样深切的关心，就值了。”

曾经有人调查过上千位未婚男女的择偶要求，最后得出的结果，比起外貌、薪资、家室，大家更看重的是对方能让人放心，能踏踏实实地过一辈子。

不说越线的话，不做出格的事，永远守着自己对伴侣、对家庭的责任感，不会因为一时的诱惑迷失方向。

任何山盟海誓，都比不上在言行中让伴侣放心来得更动人。

让人放心，是最真诚的社交方式

所有值得深交的人都有一个共同点，那就是“靠谱”。

上大学的时候，我们系里有个师兄，人缘是出了名的好。只要有人打听他，得到的评价一定是“这人绝对靠谱，没得说的”。说来挺惭愧的，我俩熟起来的契机，是借钱。当时我出去玩，在一个山顶上丢了钱包，银行卡里又没有钱，弹尽粮绝之下只能挨个打电话向朋友借。当时给七八个人打了电话，有的人不接，有的人找借口推脱，有的人满口答应了之后就没了音信。实在没办法的情况下，我只能开口求到当时还不算熟的师兄身上。

他回答说：“好，等我 20 分钟。” 20 分钟之后，收到了卡里到账的提示短信。在那个支付宝、微信转账还没普及的年头，他是大冬天特意从家里跑到银行给我打的钱。后来渐渐熟络起来，对他的“靠谱”也就感受更深。

和他认识也有小十年了，但我从未在他嘴里听到过一句关于别人的是非长短。别人交托给他的事，只要他答应了下来，就从来不会掉链子。

印象最深的一件事是，我们系里结伴出去旅游，他负责做攻略。结果在出发 3 天前，他给我们每个人都发了一份 PPT，里面详细地写了每天的行程路线和要游览的景点介绍，甚至连每个时间段的路况都考虑进去了。毫不夸张地讲，这是我有生之年见到过最详尽的攻略。

莎士比亚说，有很多良友，胜于有很多财富。而良友，都是让人放心的。

不用担心告诉他的秘密会被说给其他人听，不用担心拜托给他的事情会在紧要关头掉链子，不用担心他会为一己私利背叛友谊。

掌握再多的社交手腕，舌灿莲花，最终要跟人交心，首先还是得让人放心。

记得小时候家里订牛奶，好几年都只订一个牌子，我问为什么，妈妈说这个是她从小喝到大的，比较放心。后来我长大了，吃饭、买东西，也只挑自己放心的店家。

其实做人跟买东西是一样的，无论何时，让人放心都是最大的能力。

让人放心，才能赢得信任；让人放心，才能越走越远。

踏实做事，以诚待人。做人，就要做一个让人放心的人。

别高估人性，别低估生活

山　风

不发朋友圈，是一个成年人最后的体面。

有个周末的晚上，我闲来无事打开朋友圈翻看，翻了没几下，就翻到了前一天晚上的动态。微信通讯录里有近 1000 位好友，屏蔽了代购、微商，再刨除一些设置为仅聊天的好友，竟然一天都刷不出来几条朋友圈。想起几个朋友很久没联系了，点开朋友圈，无一例外都是“三天可见”。

我忽然意识到，越来越多的成年人，已经渐渐淡出朋友圈了。

不是不想说，是不敢说

从前的朋友圈，不大但很热闹。

那里只有自己最要好的朋友，可以随心所欲地晒生活发牢骚。今天天气很好，拍张照发朋友圈；吃到了好吃的店，赶忙在朋友圈推荐给大家；郁闷失落了，在圈里吐槽几句，就能得到很多好朋友的安慰。

那时的朋友圈就像自己的一片净土，每个人都在里面单纯地记录和分享自己的喜怒哀乐。

但慢慢地，不同的人涌了进来，朋友圈从私密的“后花园”变成了公共的“社交场”。工作上的领导同事在朋友圈里尔虞我诈，几个不相熟的朋友天天阴阳怪气上演着情感伦理剧，几年前的同学分享着朋友圈社交礼仪……

人多了，发动态也不得不开始思前想后：发点和朋友聚会的照片，怕同事背后说闲话；受了委屈想骂两句，怕影响在客户心里的形象；生病了拍个化验单，怕别人觉得自己做作。

于是小心分组，认真屏蔽，字斟句酌，等做好这一切，已经什么都不想发了。多说多错，算了吧。

如今的朋友圈就像个线上社会，几百双眼睛盯着你，让你每一步都如履薄冰。

何炅就曾在节目中公开表示：“会表达自己的态度，但是也会担心，有时候被人过度解读。”郭敬明也说：“我现在也基本不表达了，除非工作需要，节目让我说什么我会说，平时微博上基本都不太会说自己的事了。”

是不是像极了人们发朋友圈时的样子？

私人社交领域和公共社交领域的界限越来越模糊，让朋友圈不再仅仅是自己的领地。人们害怕被人误会、被人议论、被人贴标签，于是都不说心里话了。

生活不易，早已戒掉了情绪

我的大学同学安安曾经是个非常喜欢发朋友圈的人，上大学的时候，连窗台上积灰了这种事她都能发一条，但是最近根本没有刷到她的动态。点进她的朋友圈，只看到了一条横线，我差点以为她把我删了。问她为什么不发朋友圈，她跟我讲了其中的原由。

安安前两年结了婚，和老公一起还着房贷车贷，但那时她还觉得生活没什么压力。去年她生了孩子，家里一下多了许多开销，伴随着生理上的不适和心理上的压力，她患上了产后抑郁症。偏偏这个时候父亲病了，高额的医药费险些将他们小两口压垮。之后的日子可以说是鸡飞狗跳，每天带娃已经让安安心力交瘁，工作之余还得想着做点什么兼职让家里过得宽裕一点。

“后来就把朋友圈关了，因为我发现根本没心思发朋友圈，我连抑郁都顾不上了，有点时间就在想怎么挣钱。”安安苦笑着说。

都说成年人的世界，除了长胖容易，其他都不容易。

工作上的焦头烂额，家里的锅碗瓢盆，一桩桩一件件，根本不给人多愁善感的机会；孩子不会因为发个朋友圈就不哭了，钱也不会因为发朋友圈就来了，那么在朋友圈里发泄情绪，除了散发负能量，没有太大的作用。

自媒体人柳主任曾经说，自从创业以来，她已经戒掉了情绪，或者说是尽力克制自己不放大负面情绪，也不沉浸在无用的情绪之中。她印象中崩溃大哭的时候，3 年多来只有 3 次，最近一次还特意设了个秒表，哭 3 分钟之后继续干活。

普通人也许没有这么夸张，但多少能体会到这种“见缝插针式”的崩溃。

一个人成熟的标志之一，就是明白每天发生在自己身上 99%的事情，于别人而言根本毫无意义。不是所有人都能理解你的感受，都能给你恰到好处的安慰和指引，那么唯有把情绪调成静音，才不至于被它绊住脚步。

把情绪一个人默默消化掉，已经是一个成年人最后的体面。

如果你发现一个人突然从朋友圈消失了，别担心，他可能只是长大了。

把时间留给最重要的人

有一部社会实验短片《你手机里的常用联系人有几个？》曾刷爆全网。实验找来几位志愿者，他们的手机通讯录里都有 1000 多位联系人。随后他们被要求删掉已经不联系的人，还有半年都没联系过的人。有人删了一半以上，有人几乎都要删光了。

接着主持人又要求他们，在剩下的联系人里，删除应酬关系、工作关系的人，看看除了家人，能说真心话的，还剩下多少。大家又开始删除，最终，有人只剩下两三个。有人则说："没有。"主持人问他们和这些人最后一次联系是什么时候。几位志愿者都陷入了沉默，原来大家和自己最知心的朋友，都很久没有联系了。

如今，很多人都以为自己微信里好友多就是朋友多，朋友圈里热闹，就是人缘好。

人们花大量的时间在朋友圈里互动，以为和每个人都很熟，却不料跟每个人都不熟。

有人算过这样一道题：

假设一个人的精力是 1，分给 1000 个朋友，每个朋友平均只有 1/1000，其实这样跟谁都无法建立深厚的感情。太多的"朋友"，占据了人们太多的精力，也抢夺了和最重要的人相处的机会。真正聪明的人，都懂得把珍贵的时间留给身边最重要的人。

有人说，不发朋友圈，是因为把想说的话都私聊给了听得懂的人。越来越多的人在成熟的道路上明白了一件事：比起在朋友圈里光鲜亮丽，更重要的是把现实生活过得热气腾腾。

想起记者问蔡康永，怎么看那些不发朋友圈的人。蔡康永说："我宁愿相信他们把大部分的心力拿去对付真实的生活，我会恭喜他们，找到了生活的重心。"

都说与人交往最好的状态，就是过好自己，亲疏随缘。

人们都渴望被理解，但遇到知音的概率何其渺小。学会自我消化，学会与自己相处，学会让生活充实而满足，是一种修行。

人生重要的，不是朋友圈里的人设，也不是发一条动态能获得多少点赞，而是真正把自己活得有声有色。就像有句话说的："我不发朋友圈的时候是在认真生活，我发朋友圈的时候是在热爱生活。"

愿大家圈里圈外，都是美好。

世界很大，慢下定义

之　歌

偏见暴露浅薄

《杀死一只知更鸟》里有这样一句话：“你永远不可能真的了解一个人，除非你穿上他的鞋子走来走去，站在他的角度考虑问题。”

有时候，我们所看到的，未必就是事物的全貌，而我们所了解的，也有可能只是冰山的一角。

曾在网上看到过这样一张图片：在摄像机的画面中，人们能看到的是，左边的人手里拿着锋利的刀子，正在刺向右边的人，右边的人正惊慌失措地躲闪。而事实上，镜头外的真相却是，右边的人手持利刃刺向左边的人，而左边的人正在拼命逃亡。

我们常常会以为自己看到的、了解到的，就是事情最真实的模样，却万万没想到在不同的角度下，“被害者”会变成“凶手”，而“凶手”实际上是“被害者”。心理学上有个词叫“晕轮效应”：有时候，我们很容易以自己固有的知识和经验以偏概全，以点概面。

这就像月亮被光环笼罩时，产生的晕轮模糊不清的现象。

还记得“重庆公交车坠江事件”吗？

悲剧刚刚发生时，几乎所有的媒体和大众都把矛头指向了与公交车相撞的小轿车女司机。在悲剧中幸存下来，惊魂未定的女司机还没来得及反应，已经开始遭受全网的声讨。而事实上，她根本没有逆行，也不是新手上路。她是拥有6年驾龄的老司机，当时也是正常驾驶。在整个事件中，她只是一个无辜的受害者。平日里，人们对于“女司机”本就抱有偏见，在这起公交车坠江事件中，那些无端的揣测和辱骂更是给这名幸存女司机的心中留下了抹不去的阴影。

这不只是一个事件，也是一面镜子。

村上春树曾说：“所谓理解，通常不过是误解的总和。”

大多数人都喜欢根据自己的了解去判断真相，但事实上，每个人的理解中，都或多或少有着局限和错误，如果盲目给事情盖棺定论，折射出的，其实只是自己的偏见和浅薄。

“朋友圈”看人，未必准确

不知从什么时候起，身边的朋友都不怎么爱发朋友圈了。

闺密阿齐原本是个热爱生活，喜欢旅行和烹饪的姑娘，以前经常会把自己去过的地方和做过的美食分享在朋友圈。最近，她却忽然把自己的朋友圈关掉了。我好奇地问她原因，没想到她告诉我，以前把照片分享给大家就是图个开心，但最近，她无意中得知身边的一些朋友在偷偷议论她。

“去几个破地方都要在朋友圈直播，真是没见过世面。”

“刚毕业没多久的普通上班族怎么去过那么多国家，是傍上大款了吧？”

“做个简单的炸酱面都要拍张图发出来，谁不会做呀，也不知道在显摆什么……”

而她也没有辩解什么，只是默默拉黑了那几个讨论她的朋友，然后关了自己的朋友圈。或许有人会觉得阿齐的做法有些极端，但我却很理解她，因为总有那么一些人，会对你的朋友圈指手画脚。

如果你发了很多朋友圈，他们会说：“这么小的事，值得发那么多条朋友圈吗？真是没见过世面……”而如果你不发朋友圈，他们又会说：“不发朋友圈的人，是因为他们没有自己的生活，所以没什么可发的。”

总有一些人喜欢凭着只言片语，随意揣度、恶意评价他人的人生，来满足自己的优越感。

记得在知乎上，曾经看到过这样一个问题。

一个男生故作疑惑地提问：“和女生第一次约会的时候，女孩对服务员说要八分熟的牛排，难道她不知道牛排只有一分、三分、五分、七分和全熟吗，此刻我应该说些什么来缓解尴尬？”言外之意就是，赴约的女生没有见识，说了偶数，显得很外行，给他丢了脸。最后，男生还附言：“吃全熟牛排的人一点品位都没有，我从来不跟这样的人做朋友！”

在下面的评论中，几乎所有网友都表示，自己并不觉得要八分熟的牛排有什么丢脸的，而且大家一边倒地希望，那个女孩子千万不要和这种男孩继续做朋友。

“看你朋友圈，就知道你没见识……”

“看你微信头像，就知道你没文化……”

有时候，人们的偏见就是这样轻易形成，脱口而出，却从不在意这样的评价，会带给别人怎样的伤害。

未知全貌，不予置评

有人做过一个公益节目，节目中请到了3个性格迥异、打扮个性的嘉宾。

一个是留着寸头，浑身文身的男青年；一个是衣着性感，妆容精致的小姐姐；一个是穿着动漫角色服装的可爱女孩。3个嘉宾依次上台介绍自己，而台下坐着随机请来的20个路人，路人可以根据对嘉宾的第一印象随便做出评论。

男青年介绍自己说，平时话不多，不会拐弯抹角，性子直。没想到，路人给出的评价却是：黑社会，瘾君子，暴力狂，不敢嫁，古惑仔。

小姐姐说，自己因为工作原因，平时都是晚上工作，白天休息。路人的评价是：绿茶婊，陪酒女，心机深，不正经，交际花。

二次元打扮的女孩说自己喜欢动漫，平时会扮演各种动漫角色。路人却评价她：装可爱，脑残，被潜规则过。

短短几分钟，无数带着偏见的侮辱性词汇不断出现在大屏幕上，三位嘉宾看到之后几乎崩溃，其中一位更是愤然离场。

其实，看似不苟言笑的男青年是个热爱生活的文身师，平时喜欢和朋友一起做美食；打扮精致的小姐姐的职业是夜间看护，她只是想以最好、最美的状态去迎接自己即将到来的爱情；而喜欢二次元的女孩其实是小学音乐老师，平日里最喜欢和孩子们一起唱歌。

他们都是温暖平凡的人，从没想到，自己会因为爱好和个性，被人们的偏见和恶意攻击得体无完肤。后期在接受采访时，他们说："很难受，就像刀子扎在心上一样，也许这些对别人来说，只是几个字，但当事人却需要用很长的时间去消化那些言论。"

舌上有龙泉，杀人不见血。

那些夹杂着偏见和揣测的言论，我们真的听过太多太多：

"看你用这么破的包，就知道你很穷……"

"看你戴着首饰，就知道你很拜金……"

"看你穿得那么暴露，就知道你一定很开放……"

王小波说："口沫飞溅，对别人大做价值评判的行为，层次很低。”的确，一个人内心的偏见越多，其实也就代表他的视野越狭隘。

那什么才是真正的“见过世面”呢？知乎上，一个去过一百多个国家的答主是这样回答的：“我懂得了这世界上没有绝对的正确，能够接受别人有不同的三观和其衍生出来的思考方式。”

见过世面的人，会更加包容每个人的不同，充分理解每一种存在，不再去追求相同，而是追求阅尽这繁华世界。只有见识广了，接触过形形色色的人，各种各样的事，我们才能明白自己的位置在哪，才能知道世界之大，评价和标准都是不唯一的。

而那些无谓的偏见，其实根本不用去理会，因为我们每一个人都是独一无二的，是颜色不一样的烟火。如果有人质疑你，请对他们说：“你只知道我的名字，却不知道我的故事，你只听说我做过什么，却不知道我经历过什么。所以，不要贸然评价我！”

好的关系，都是“麻烦”出来的

张一条

凡事靠自己，不是个好习惯

前几天半夜失眠刷朋友圈，刷到一条动态，是一个交情尚浅的大学同学发的，内容是：我做人是不是真的很失败？紧接着往下翻几页，是她室友婚礼的照片。一个寝室六个人，除了她，另外四个女孩都去当了伴娘。同样是在一个屋檐下住了四年，自己连通知都没收到，也难怪她会生出这种疑问。但严格点说，这件事也不能全都怪她室友。

说自己做人失败的姑娘叫小何，如果你去打听她，得到的答案肯定是差不多的：“小何啊，人挺好的，就是不太好接近。”不太好接近的原因是，她从来不愿意麻烦别人。

在大学，室友之间帮忙买个饭打个水是再正常不过的事情了，但是放在小何这，四年间愣是一次都没有。就算别人主动提出要帮她，她也会果断拒绝。大二的时候她的室友菲菲跟她吵过一架，原因是她假期去菲菲的老家旅游，自己去了，玩了七天又自己走了，压根没告诉菲菲。甚至她订的酒店，都跟菲菲家只隔了两条街。菲菲问她，为什么不找我陪你，为什么不来住我家？你把没把我当成朋友？她只是说，我不想麻烦你。

多客气，也多令人心寒。

什么事都不愿意麻烦别人的结果就是，大家都觉得她是个不错的人，但没有一个人想要跟她深交。所以整个大学下来，她没有交到一个知心朋友。所以室友结婚，通知了其他人，唯独没有通知她。

有时候，凡事都靠自己，并不是一个好习惯。

以为是体贴别人，却反而失了人心。

相互麻烦的感情，才更深厚

本杰明·富兰克林说："如果你想与一个人深交，那就请他帮你一个忙。"

跟许多人以为的正相反，适当麻烦别人，非但不会损害人际关系，反而会有助于双方感情的加深。因为麻烦别人的潜台词其实是：我需要你。而"被需要"这种感觉，是大多数人都很享受的。无论身处什么地位，也无论多么富有。

列夫·托尔斯泰在《战争与和平》一书中，也写过类似的话："我们并不因为别人对我们的好而爱他们，而是因为自己对他们的好而爱他们。"感觉到被需要，就会自然而然地对麻烦自己的人产生好感，从而拉近双方的距离。

这个法则不仅适用于社交，在恋爱中也同样奏效。

之前看过一期《爱情保卫战》，印象特别深刻。女生漂亮、大方、懂事、独立，几乎是外人眼中的完美女友，可是男朋友却跟她闹起了分手。一问才知道，问题就出在女生实在是太懂事、太独立了：下着大雨没带伞，宁可自己淋得湿透了回家也不愿意打电话让男朋友来接；电脑坏了，宁可照着网上的教程自己修理一个星期，也不开口让计算机系的男朋友帮忙；搬家，从收拾东西到搬运再到整理全都一个人干，全都搬完了才告诉男朋友这件事。

男友控诉她说，你什么事都自己干，那还要我干什么？

仔细观察一下别人的相处模式不难发现，“什么事都替对方做了”和“什么事都自己一个人做”的感情，都难免让其中一方心生怨怼。只有互相麻烦的感情，才更深厚。我渴了你帮我倒杯水，你饿了我帮你煮碗面，两个人的感情就在这样的相互“麻烦”中慢慢变得牢固。

彼此依赖，彼此需要的关系，才是良性且稳定的关系。

学会求助，才能走得更远

曾看过这样一个小故事：

一小孩搬石头，爸爸鼓励他，只要全力以赴，一定搬得起来！可是孩子使足了劲，最后也没搬起石头。他告诉爸爸，我已经竭尽全力了！父亲答，你没有竭尽全力，因为我就在你旁边，你都没请我帮忙。

我们从小被教育着“自己的事情自己做”，所以总认为凡事都应该亲力亲为。却常常忽略了“自己的事情”也分为“自己能做的事情”和“自己做不到的事情”。

人的能力是有限的，总有些事情是靠自己一个人的力量办不到的。在这种情况下，我们就应该去寻求他人的帮助，而不是自己死磕到底，做无用功。学会“麻烦”别人，借助他人的力量来达成自己的目的，这非但不可耻，反而是一种人生智慧。

小时候看《西游记》，觉得那是孙悟空一个人的英雄故事，各路妖怪，牛蛇鬼神，都是他一个人打跑的。而长大了之后再看才发现，他们师徒四人能够经过九九八十一难，前往西天取得真经，除了孙悟空本身的悍勇之外，还离不开寻求各路“大神”的帮助。

比如就最经典的“对战金翅大鹏”这个故事来说，金翅大鹏来历不凡，扬言是如来佛祖的老娘舅。武功更是高深，两翅膀一拍，飞得比筋斗云还快，孙悟空跟他几次对战都吃了闷亏。悟空自知打不过，就去求如来佛祖这个能打得过的人出手相助，最终师徒四人才得以继续西行。

有网友做过一个统计，除去打湿经书这种太过容易的劫难，《西游记》中真正有挑战性的打怪也只有 35 次而已。在这 35 次遇怪中，向天庭求助的次数高达 25 次。如果孙悟空不懂求助他人，凡事都自己死扛到底，师徒四人可能早就折在半路了。

自己做不到的事情向强者求助并不可耻，打肿脸充胖子最后把事情搞砸，才是因小失大。如果有一样东西自己不会做，那就去向会做的人请教；如果一个项目自己拿不下来，就去请能说得上话的人牵线。

学会求助他人，路才能走得更远，更容易。

我们都应该学会“麻烦”别人

心理学上讲，“总是害怕麻烦别人”是一种深刻的“低价值感”，一种深入到骨髓的不自信。

因为觉得自己不值得，不配得到别人的帮助，害怕被拒绝，所以干脆就不开口。不求别人帮忙，也不想帮助别人，抗拒所有的人情往来，久而久之，就把自己活成了一座孤岛。但人毕竟是社会性的动物，没有人能够完全脱离社会单独生存。如果学不会适当地麻烦别人，就要承担比别人多的艰难和痛苦，失去很多本可以拥有的宝贵经历。

虽然人们都说，人生这条长长的路只能一个人走完。但总会遇到些崎岖的地方，需要周围的人拉扯一把。

别把自己活得那么冷，也别把自己活得那么累。

学会“麻烦”别人，也学会接受别人“麻烦”自己，我们将会得到一个不一样的生活。

半生已过，学会放过

塞　柏

我们都是往事的幸存者，向前走，时间会给你答案。

不再去恨，不再去想，翻过这件事，开始新的篇章。毕竟心就那么大点地方，只有把不好的事情放下了，清出去了，才能把快乐与幸福装进来。

慢慢长大，坦然接受生活所给予的一切，为喜欢自己的人活，为自己活，才是最好的生活态度。

人生最难的，是与自己和解

人生最大的敌人是自己，人生最难的是与自己和解。当我们迈过自己心头的那道坎时，所有困扰自然也就烟消云散了。

武汉女大学生小娟，因为毕业时没有找到工作，竟狠心和父母断了联系，而且一断就是 12 年。这 12 年里，她一直在武汉靠捡垃圾为生，而父母为了找她，变卖家产，走了很多地方。

她的做法让我忽然想到了项羽那句“无颜再见江东父老”。如今再读，读到的不是愧疚，而是执念。这种迈不过去、放不下的执念，让项羽自刎乌江，让小娟流浪12年。但人生注定会有很多这样的事情，求而不得、失去、错过……如果都不能放下，最后被困住的只有自己。

《霸王别姬》里的程蝶衣就是那个被困住的人，被自己心中的执拗拷在原地的人。程蝶衣和段小楼本是打小一起长大的师兄弟，两人一个演生，一个饰旦，配合得天衣无缝。尤其一出《霸王别姬》后，更是享誉京城，于是两个人约定合演一辈子《霸王别姬》。但两个人对戏剧和人生关系的理解却是迥然不同：小楼认为戏是戏，人生是人生，戏是人生的一部分；而蝶衣是个戏痴，戏就是他生活的全部。随着时代的变化，两个人的分歧也就越来越明显。小楼跟着潮流不断向前，而蝶衣却始终活在自己的世界里，悲剧也就因此酿成。11年后，两个人再一次合演了《霸王别姬》，蝶衣竟假戏真做，拔剑自刎，用真的剑自杀了。

世道变迁，悲欢离合，本是常事，但蝶衣不懂，所以他把自己活成了一场悲剧。他这一生虽然美，但是有些凄凉。过去就是过去了，别因为过去的遗憾，把未来的自己也活成遗憾。

太过执拗，苦了自己不说，同时也辜负了那些爱你的人。

在《时间的答案》这本书里，主人公陈奕洋自小跟父母关系不好，一直以来他最大的愿望就是逃离这个家。他想，只要离开家，一切都会慢慢变好的。高考结束后，他拒绝了父亲的安排，毅然决然选择去遥远的城市读书。因为和父母的隔阂，他也不常回家，即使回也是匆匆来、匆匆走。直到最爱他的奶奶去世，他才发现自己错得有多离谱。他一心想着远离父母，但同时远离的还有那个最爱他的人，而原本应该用来陪伴奶奶的时间，也被他用来跟父母做斗争了。

“空瓶理论”说人心就是一个瓶子，盛满仇恨的时候，自然是装不下爱的。

人这一生也是一样，在不喜欢的事上花的时间越长，那跟喜欢的人在一起的时间也就越短。既然如此，何不放开心态，放过那些不愉快的人和事，多花时间跟爱的人在一起呢？反正怎样都是一天。

放过别人，就是放过自己

伍绮诗《无声告白》里说：“一切的苦难都会过去，学会和自己和他人和解，放过自己也放过别人。”

《时间的答案》一书中，对于过去，安家宁的态度与陈奕洋完全相反。安家宁有个一起长大的青梅竹马，他们顺其自然走到了一起，成为人人称羡的金童玉女。但他们也有着很大的不一样，安家宁想踏踏实实过日子，而陈奕洋却渴望新鲜的事物，不惧怕迎接新的生活，这一切安家宁都做不到。

站在十字路口，陈奕洋出国留学，留在原地的安家宁明明很心痛，却没有去挽留，只是大醉一场后，帮陈奕洋收拾好留学需要的东西，然后开车送他到机场飞向远方。

他们一起长大，是彼此最熟悉的存在，安家宁都无法想象，离开了陈奕洋她要怎么呼吸。可她能怎么办，如果一个人下定决心离开你，或许做什么都没有用。

安家宁说："我能做的只是不阻拦而已，然后祝他前途无量。即使他的未来里，并没有我。"

如果两个人可以永远同步成长，生活可以永远一成不变，这自然最好，可这是不可能的，问题就在这里。也许安家宁早早就明白，所以哭过一场，便潇洒放手。放他远走高飞，也是放自己重新开始追逐星辰大海。

今天的放过，不是原谅了对方，而是选择放过自己，这才是对自己最大的温柔。

学会与自己和解

不合群就不合群，存在即为合理。为什么一定要合群？只要你自己过得开心，无论怎样都是没有问题的。学会与自己和解的最重要的一点是：告诉自己，无论怎么变化，自己内心的愉悦才是最重要的。当你这样去想的时候，或许更容易放下那些让自己痛苦的事情，毕竟我们来到世上的初心是为了幸福。

生活中的问题就像腐肉，该剔除的一定早点剔除，否则会烂得更深，最后可能还会散发出腐朽的味道来。只有剔除了腐肉，才会慢慢长出新肉来，等再过些时日，看着留下的淡淡伤痕，回想今日可能会叹一句：好像也就那么回事。

没什么大不了的，旧的不去新的不来，与自己和解，放过自己，才有更好的明天。

毕竟，我们来世上走这一遭，本是为了追求幸福，而不是幸福的定义。

不要活成一座孤岛

张一条

人可以精明，但不能阴险

“四大名著”之一的《红楼梦》不但故事情节精妙，而且囊括了人生百态。

《红楼梦》里最阴鸷的女人，不是王熙凤，而是贾宝玉的母亲王夫人。表面上人畜无害，实际内心阴险的人，往往是最可怕的。王夫人可以说是将人的自利、自私、狠毒演绎得淋漓尽致。为了确保自己的地位，表面上一副老好人的模样，实际上机关算尽。

她先是把哥哥的女儿王熙凤介绍给老公的侄子当老婆，还抬举王熙凤掌管贾府的经济大权。亲侄女当家，既省了自己的劳动量，又不至于实权旁落，是为自利；为了让自己的亲外甥女稳坐贾府少奶奶的宝座，她串通薛姨妈，煞费苦心，想方设法拆散贾宝玉和林黛玉，是为自私；逼死丫鬟金钏毫不手软，却哭哭啼啼，说一向视金钏为亲闺女，是为狠毒。王夫人表面吃斋念佛，一副菩萨心肠，实则是“画龙画虎难画骨，知人知面不知心”。王夫人的结局也很悲凉，园中阴气重，病倒了一大半人，其他人都服了药渐渐好转，唯独王夫人一病不起。贾政请了大夫来给她看病，开了药方，谁知喝了药，病情非但没有好转，反而加重了，原来这个大夫是个骗子……

她的故事让天下人醒之：人可以精明，但不要阴险。

人可以为了自己的利益打得一手好算盘，前提是不要伤害别人；可以为了自己的地位处心积虑，前提是不要踩踏别人。

既精明又阴险的人，最后往往都活成了一座孤岛。

小胜靠智，大胜靠德

看过这么一个故事。哈里斯是美国纽约市一家知名广告公司的女高管，一天中午，她和朋友在一家餐厅吃饭。用餐中途，朋友想出去抽烟，于是两人一起走出了餐厅。这时，迎面走过来一个流浪汉，一脸真诚地对哈里斯说：“我已经失业 3 年了，日子过得捉襟见肘。但我还是希望自己能过得好一点。不知您是否愿意给我一点零钱，让我买点生活必需品。如果可以的话，您也可以留下联系方式，有朝一日，我一定会加倍奉还。”

虽然哈里斯觉得眼前的这个人很有可能是个骗子，但依然被他一脸的真诚和对生活的乐观感动了。因为这个流浪汉和之前遇到的都不一样，他不是直接伸手乞讨，而是坚信自己以后会慢慢变好。抱着赌一赌的心态，哈里斯决定一试。因为身上没有带现金，最后哈里斯给了流浪汉一张信用卡。10 分钟过去了，流浪汉并没有回来；20 分钟过去了，流浪汉依然没有回来。哈里斯懊悔地对朋友说："这家伙一定拿着信用卡跑了，里面有 10 万美元。"吃完饭，两个人走出餐厅。这时，他们发现，原来流浪汉已经在餐厅外面等候多时。

哈里斯被眼前诚实守信的流浪汉感动了，到《纽约邮报》把这个故事告诉了报社。报道刊登出来后，顿时引起巨大反响。报社不断接到读者的来电，想要帮助流浪汉。一位商人看到报道后，第二天就给流浪汉汇去了 6000 美元。几天后，流浪汉又接到威斯康星州航空公司的电话，表示愿意招聘他担任公司的空中服务员，并通知他尽快签订工作协议。

面对巨大的喜悦，流浪汉在接受采访时说："做人一定要诚实守信，即使身无分文流落街头，也不能把诚信丢掉。我始终相信，诚实的人总会有好报。"

有人说，小成靠勤劳，中成靠精明，大成靠诚信。

做人做事，人品永远排在第一位。拥有一颗诚信的心，看世界是美好的，别人看你同样也是美好的。一个人想要长久在世上立足，想要走得长远，一定得有过硬的人品。

《左传》里讲："祸福无门，唯人所召。"

世间万物都有因果循环，你的福气，说到底都是你积攒的德行。与其挖空心思取不义之财，不如正视自身，改正缺点，让自己成为才德兼备之人。

小胜靠智，大胜靠德。投机取巧赢一时，诚实守信赢一生。

三分精明，七分厚道

建筑商林正家，年轻时为人很精明，业内人尽皆知。虽然他很有商业头脑，做事干练，但摸爬滚打多年，事业依然毫无起色。那是他人生的至暗时刻。无论是才智还是勤奋，比起别人来他都毫不逊色，可为什么就是成功不了？他漫无目的地走上街头，想买份报纸打发时间。看着看着，他突然惊跳起来，被报纸上的一段话深深击中了内心。

后来，他以一万元作为启动资金，重回商界。从杂货铺到水泥厂，从包工头到建筑商，一路过关斩将，合作伙伴蜂拥而至。短短几年，他的资产突飞猛进，他也创造了一个商业神话。

有一次，他到大学演讲，有学生提问，你是怎么从一万元投资到变成商业大亨的？林正家笑着回答，因为我一直坚持少拿两分。学生们听得云里雾里。他说，当年在街头看见一篇采访李泽楷的文章，读后很有感触。

文章中，记者问李泽楷："你的父亲李嘉诚究竟教会了你怎样的赚钱秘诀？"

李泽楷说："父亲从没告诉我赚钱的方法，只教了我一些为人处事的道理。父亲叮嘱过，和别人合作，假如你拿七分合理，八分也可以，那我们李家拿六分就可以了。"

演讲最后，林正家说，做人最高的境界是厚道，所以精明的最高境界也是厚道。

做人三分精明，七分厚道。

三分精明，擦亮双眼，不轻易遭人设计，辨别真伪，避免跟烂人烂事纠缠；三分精明，察言观色、审时度势，学会对什么人说什么话，别让自己吃亏；三分精明，严于律己，给自己留有余地，更多的是让别人感受到善良。

做人还是厚道一点。厚道的人表里如一，从来不会当面一套背后一套。待人接物宽厚，没有那么多花花肠子，别人也更愿意接近你。大道至简，大巧若拙，大智若愚。待人之道，精明不如厚道。

世界很大，鱼龙混杂，我们会遇见形形色色的人。

有人质朴纯洁，善良又真诚；有人奸佞狡诈，虚伪又做作。坏人永远不觉得自己是坏人，道德败坏的人，也从来意识不到自己道德有问题。所以，我们不可能用同样的标准去要求和对待每一个人。

我们唯一能做的，就是做好自己。

眼里有光，心中有爱；懂得感恩，保持善良。

没有距离感的人生，是一场灾难

之　歌

《好的孤独》中有这样一段话："人与人，就像两个王国，各自应当保持着宽阔、自然而舒适的疆域，甚至在疆域之间，要有一个中立地带。"

而这"中立地带"，其实就是人与人之间的距离。人世间种种情感，贵在有尺有度。

如果没了距离感，再好的感情，都会变成一场灾难。

朋友之间，不越界

曾看到过一个女孩在网上抱怨自己"遇人不淑"。

刚刚工作的时候，女孩和公司里一位女同事成了好朋友，两个人年纪相仿，也比较有共同话题，常常一起吃饭聊天。她们的关系日渐亲密，聊天的内容也越来越多地涉及自己的私生活。女孩总觉得和同事是朋友，没什么不能说的。但忽然有一天，她竟然在别人的嘴里听到了自己的秘密。原来，她告诉同事的小秘密，同事转天就拿去当作茶余饭后的谈资，告诉了其他人。当女孩生气地质问同事时，同事只说："你没说不能告诉其他人啊，再说，如果真的不能让人知道，你怎么还告诉我呢？"女孩哑口无言，只觉得自己的真心错付。

后来，女孩说这件事给她上了一课，让她知道即便是再好的朋友，也要保持一些距离，两个人走得太近，并不是一件好事。

三毛说：朋友之间，分寸不可差失。

朋友之间离得太近，不免会相互干扰、相互伤害。人总有好奇心，越亲近的人，总是越想知道更多，了解更多。但每个人都有自己的秘密、隐私，不想被碰触，更不想为人知。有的时候，你以为你是在关心朋友，实则是在窥探别人的隐私。

走得太近，除了会侵犯别人的隐私，还很容易打扰别人。

我之前就遇到过这样一个没有界限感的"朋友"，大半夜总是能接到她打过来的倾诉电话。无论是失恋了、被老板骂了还是和家人吵架了，只要她心里有气，就会给自己的"朋友"打电话吐槽一番，完全不管时间、地点，以及别人愿不愿意听。吐槽完，还要加一句："拿你当朋友才和你说这么多！"但她不明白的是，并不是所有人都有义务接受来自朋友的负能量，也不是所有人都喜欢这种过度的亲密感。

不得不承认，人活着的确需要朋友，不论是在生活中还是工作中，我们都渴望找到一个了解自己的人。但你要明白，无论是怎样的朋友，无论是多牢固的关系，也都是两个人，两个独立的个体。

梁实秋的《谈友谊》里写道：“君子之交淡如水，因为淡所以才能不腻，才能持久。”

就像两个鸡蛋，都带着自己的壳，跟别的鸡蛋再亲近，也只能期望成为“一个篮子里的鸡蛋”，而不能期望成为“同一枚鸡蛋”。如果没了距离感，挨得太近，就很容易鸡飞蛋打。

保持安全距离，不随意触及别人的底线，其实就是对朋友最好的尊重，也是最明智的交友法则。

恋人之间，不捆绑

一段婚姻长久而美满的秘诀是什么？

是真爱？是信任？还是忠诚？

温格·朱莉在《幸福婚姻法则》里说过这样一句话：“再恩爱的夫妻，一生中都有过200次想离婚的念头，以及50次想掐死对方的冲动。”

而越亲密的关系，往往越容易有摩擦。这个时候，如果彼此之间没有掌握好适当的距离，再多的真爱、信任、理解都会因为这段关系的“密不透风”而瓦解。

听过这样一个故事。有一对男女相恋了，两人关系越来越亲密，不管上班、下班、吃饭、休息，几乎都是形影不离。但渐渐地，一些问题开始在过度亲密的日常生活中产生。男生平日里喜欢打篮球，但每次周末朋友来叫男生打球，女生都不同意，非要他在家里陪自己看电影。男生还喜欢打游戏，但每次女生一看到，就会数落他不务正业，玩物丧志。不仅如此，男生选择什么工作，交什么朋友，女生都要横加干涉。而且，女生还总是喜欢查男生的手机，随时打查勤电话，几乎 24 小时掌控男友的动向。女生觉得这是亲密的表现，但男生却觉得这样的爱让人喘不过气。三个月后，忍无可忍的男生向女生提出了分手。

我们常常会觉得，两个人相爱或是结婚，就应该变成一个不分你我的整体。但事实上，不论关系怎样，两个人都是需要被尊重的独立个体。

你有你的爱好，他有他的朋友，离得太近，干涉过多，只会让双方的生活都受到破坏。时间一长，就算当初再相爱，感情也无法稳固。

一段爱情最好的样子，莫过于相互尊重，彼此成就。

刘嘉玲和梁朝伟的婚姻就是最好的典范。刘嘉玲喜欢热闹，喜欢社交，会请很多朋友来家里玩；梁朝伟不爱参与，但也会称赞："她很热闹，我不会，她的热闹好有趣，我好喜欢。"

梁朝伟喜欢安静，喜欢在家宅着，喜欢一个人不开心了跑去广场喂鸽子；而刘嘉玲也选择尊重梁朝伟的喜好，梁朝伟不爱管的生活琐事她都默默担起。

就像刘嘉玲说过的那句："婚姻里最完美的控制就是不控制。"

我不去干涉你的生活，你也尊重我的爱好，生活也因为有了这样一段微妙的距离，才能在彼此之间建立一个舒适区。

亲人之间，肯放手

心理学大师海灵格曾说过："好的家庭，一定有界限感。"

也许会有很多父母觉得，孩子是自己身上掉下来的肉，是自己的所有物。他们总是希望孩子活成自己理想的样子。但他们往往忽略了，孩子终将成长为一个独立的个体，而脱离了边界感的爱，会剥夺孩子选择的权利。

记得《奇葩说》有一期的辩论话题是这样的：如果可以为孩子一键定制完美的人生，你会按下这个按钮吗？结果，绝大多数的人都选择了"不按"，因为他们明白，对于一个生命来说，所谓的完美不是"设定"，而是拥有最多的选择权！

所以，对于一个家庭来说，真正的爱，也不是紧密地控制，而是放手。

后退一步，保持距离，让孩子养成独立的人格和力量，并给予他们选择的权利！

《爱情保卫战》中说：距离真的是可以产生美的，不光情侣之间是这样，人与人之间也是如此。

太近伤害彼此，太远疏远彼此；太近产生防备，太远产生冷漠。不远不近，不冷不热，处世之道也。

人与人，最舒服的状态，就是保持距离。这是一种理解，也是一种尊重。

朋友之间保持距离感，会让一段友谊隽永且长久；爱人之间保持距离感，会让一段感情稳固且成熟；亲人之间保持距离感，会让一个家庭的氛围和睦且自由。

给自己留一点缓和的余地，给别人留一些隐私的空间，这也许就是人和人之间最美的距离。

不想被裁员，你要了解的真相

安　宁

网上有句话说：你不知道意外和裁员，哪个先来。

华为前人力资源副总裁吴建国说，今天很多人都在焦虑，但这是正常的，从另一方面来说，也是一个好事情。“这个时代就是一个巨大变化的时代，职业和岗位的生命周期都在缩短，想要在这个剧变的时代发展，就一定要做出改变和调整。”

你未来的潜力才是你的核心竞争力

很多人直到被通知离职的时候，都还不敢相信也想不通为什么会是自己。

中午见了一位做法务顾问的律师朋友，他曾为多个公司处理过解雇员工的纠纷。我问他，公司在裁员时，最容易被裁掉的是哪些人？律师说，第一批被裁掉的往往是两类人：

第一类：“小白兔”——个人能力弱、业绩萎靡，但工作态度极好的员工，往往是不具备培养潜力的新员工，裁撤成本最低。

第二类："老油条"——"雷打不动""有经验、有资历"的中高层高薪人士。

马云这样评价"小白兔"类员工：小公司的成败在于你聘请什么样的人，大公司的成败在于你开除什么样的人。大公司里有很多"老（小）白兔"，不干活，并且慢慢会传染更多的人；京东的投资人徐新就曾强调，"小白兔"员工一定要辞退，这样公司才有更多的资源给优秀的员工。

"老油条"类员工，一来能力不行，业绩不突出，混日子；二来管理水平也不怎么样，还喜欢倚老卖老，玩弄权术，搞得人心涣散。裁掉一个这样的员工，就能为公司解决很大问题。

还有一个真相是："小白兔"不走，年头久了，他们就变成了中高层，所以优先被裁掉的其实始终都是同一类人。

他们被裁有一个共同的原因——在今天的"颠覆式竞争"环境里，只拥有"过去的经验"不管用了，那些"过去"可能正是企业未来发展的"绊脚石"。

吴建国在《华为团队工作法》中举了某咨询公司的例子，说明企业在员工岗位能力之外，往往更看中员工未来的潜力。

公司评估员工的未来潜力有 4 个方面：

· 跨界思维

你是可以触类旁通，学习别人长处的人。

· 好奇心与学习力

芝加哥大学的一个经济学家在十几年前就说，知识贬值率每年至少25%，也就是3~4年后你原来的知识就没用了，所以你要不断地去学习，而且要高效率地学习，因为经验过时得太快了。

· 社交与同理心

现在这个社会已经越来越网络化、社群化，带来的最大的好处就是，你可以用低廉的成本和非常少的时间获得你自己想要的东西，如果不能利用低成本的信息社交，去了解别人，与人展开合作，学会和人分享，几乎就失去了网络时代的价值。

· 情绪管理

能够有效地管理情绪，而不是成为情绪的奴隶，背后意味着一个人是否愿意主动聆听建设性意见，以及理性、乐观地总结自己。这也决定着一个人未来能走多高、走多远。

持续学习才决定了你的饭碗

中国教育在线发布的2020年全国研究生招生调查报告显示，当年报考人数为341万人，创下历史之最。有自媒体形容说，一纸学历，就是你跨过阶层那道门槛的垫脚石。

毋庸置疑，学历很重要。但现如今，学历决定不了太多事情。

我身边就有好几个国内外名校毕业的研究生，最近不但惨遭裁员，而且还长时间找不到工作。前几天跟一个国企公司的老总聊天，他无奈地感慨，公司里60%以上都是研究生，但现在要转型、要改革创新时，举目四顾，无人可用。

吴建国在采访中说，有没有上个“好大学”真的一点都不重要。上了确实挺好，但不上，你一样能够做得很好。吴建国直言，年轻人一定要戒掉两个误区：浮躁和走捷径。

我们太喜欢问有什么秘诀能快速成功，一夜暴富。这是很可怕的。马云成功有什么诀窍吗？没有，成功就是持续不断地努力。事实的真相是，大道人疏，因为大家都去抢小道和快道去了。就像任正非说的，“聚焦主航道，才能进入无人区”。

觉得“关系”很重要。有些人在职场中觉得，只有多跟领导说话、加上大咖的微信，才能步步登天。可惜，“关系”的残酷真相是：没有人会平白无故的帮助你，因为所有的资源都是置换的关系，是通过你个人的努力才赢得的。试想一下，给你一个大师的电话号码，你拨通之后要说什么？你能给他提供多少价值来交换他的时间？

归根到底，“关系好坏”不是关键，自己的能力、价值导向，才是获取资源的硬本领。

带着幸福感去学习才可以让你从新手到大师

一个在艾默生集团工作的清华 MBA 学长说，他身边的一群优秀的同事，35 岁之后也照样可以跳槽到更大的平台，或者自己创业，持续向前走，根本没有中年危机。

这些持续走得远的人，都具备一个共同的特征：保持学习，并且内心幸福。

华为前全球招聘总负责人冉涛，曾在华为工作6年，其间，他用了不到3年时间，从人力资源的“门外汉”，做到了华为全球人力资源专家。从上市公司的大客户销售，到加入华为开启人力资源之旅；从跨境电商行业的业务高管，到天使投资人，一直到现在的咨询公司的创始人。如今早就过了中年危机的他，自始而终都在乐此不疲地做着一件事：持续学习。

> 我刚进入华为做人力资源的时候一窍不通，我保持了华为8:30上班，但每天7:40到公司的纪录；手抄人力资源的制度，厚厚的一大本制度，我整整手抄了3遍，3遍之后记得滚瓜烂熟……这些其他人入行的时候做不到的事，吃不了的苦，我做到了，这是奋斗的苦。

冉涛说，其实在一个人的成长过程中，最能发挥作用的不是专业知识和技能，是他的素质。优秀的人不是说他学了多少东西，关键看这个人的学习能力到底有多强。

我们都知道华为的人才培养能力国际领先，冉涛在《华为灰度管理法》中，总结了华为用人的6条标准：

> 全力以赴的奋斗激情；
>
> 客户为先的服务意识；
>
> 至诚守信的优秀品格；
>
> 积极进取的开放心态；
>
> 携手共进的合作精神；

扎实的专业知识和技能。

其中值得注意的是，和我们很多人想象的不一样，华为把“专业知识和技能”放在了最后一条。“现在是知识共享的时代，可能我们知识吸取的门槛都差不多。人与人之间的差距，在于底层能力。”冉涛说。

早在多年以前，华为在集体面试中就引入了领军人才的5项素质，即：

· 主动性

主动性代表着一种态度，一种追求。华为把“主动性”素质分为零到三级，从零级没有主动性到二级主动思考、快速行动，最后到三级的未雨绸缪，每一个提升都是一次飞跃。只有主动思考、快速行动的人，华为才会录用。

· 概念思维

聪明的人和不聪明的人区别在哪？概念思维就是一个人的思考方式，是一个人的本体。本体是强大的、良好的，才可能驱动成功。零级的人遇到问题想不清楚；一级的人只会根据过去的经验简单复制和类比；而二级的人能触类旁通；三级的人懂得深入浅出，将复杂事物一眼看破，总结成简单易懂的概念，让别人理解。

所以我们会看到，厉害的人都是可以跨界的，在不同行业之间游刃有余，因为每个职业背后深层的规律都是相同的。

· 影响力

有句话说的是：老板是封的，而老大是员工心中的。说的就是一个人的影响力。

影响力零级的人是盲从者，影响不了别人；一级的人能简单说服道理；二级的人会换位思考，情商高；三级的人，就是一种可以不施加影响，也有很多人追随的人。

· 成就导向

谷歌在招聘的时候也有一条铁律：只招聘自驱动力强的人。这些人都有强烈的目标感，目标越远大，动力就越足。而安于现状、小富即安、不求上进的人，就像一辆没有发动机的车，大概率只能停留在原地。

· 坚韧性

坚韧性，其实就是人生的厚度，是一个人的底。在坚韧性三级的人眼中，困难就是人生的日常，在挑战困难的过程中，他们感受到的不是痛苦，而是自我超越的喜悦。但是在坚韧性零级的人眼里，困难就是越不过的坎儿。

以上 5 项素质反复锤炼，就构成了领军人才需要具备的素质：积极、聪明，有强大的气场能影响他人，有远大的追求，面对挑战坚持不懈。

虽然这个剧变的时代带给了我们很多的焦虑，我们好像也渐渐理解了学习是一件非常重要的事。但是我们同时要理解另一件事，即先认清自己比认识世界更重要。

就像冉涛老师说的，了解自己喜欢什么，擅长什么，找到幸福的源，知道自己 10 年以后依然会在做一件有价值的事情，你就会努力去把它做到极致，这个时候，就会很开心。

所以，从新手到大师，在迎接知识的“轰炸”之前，最需要的是去寻找内心的幸福感，追求让你感到幸福的东西。这会让你明白为什么要学习，学什么，怎么学，也让你更接近成功，并且收获内心的安宁。

学会拒绝，别让“不好意思”害了你

塞　柏

当你学会拒绝时，你才能真的感到自由。

太宰治在《人间失格》里说：“我的不幸，恰恰在于我缺乏拒绝的能力。我害怕一旦拒绝别人，便会在彼此心里留下永远无法愈合的裂痕。”

倘若我们能早一点学会拒绝，学会直接而干脆地说“不”，生活中也就不会有那么多烦心事了。

恰如那句话说的那样：

人生的不幸，10% 是由发生在你身上的事情组成，而另外的 90% 则是由你对所发生的事情如何反应所决定。

一

刚到家，我姐就接到了中学班长的电话，叫她过几天去参加同学聚会。我姐犹疑了一下说，那天家里有事，定好了要去扫墓。我听着好生奇怪，等她挂了电话，就问：“昨天不是已经扫完墓了吗？”她苦笑着说：“我就是不想去，又不好意思说出口，所以就找个理由搪塞。”本以为事情就这样结束了，结果隔天她又接到了班长的电话。电话里，班长兴高采烈地说，他们改时间了，问我姐这下应该有空了吧，姐姐迫不得已只能应邀。

参加完聚会回来后，姐姐各种抱怨聚会没意思。女生凑在一起不是聊娃聊老公，就是聊婆婆；男同学呢，聊的都是升职加薪，买车买房。明明不想听，明明想拒人千里之外，但还不得不赔着笑脸加入群聊，一场聚会下来真是比搬一天砖还累。

我就说她，知道这样，第一次接到电话就应该直接干脆地拒绝，也就没这么多烦心事了。姐姐叹气说，你说得容易，都是同学，那样说脸上挂不住，以后还是要相见的。

这种话真是常常听到：亲戚来借钱，不想借，又不好意思拒绝，于是拿出压箱底的钱来，自己想用钱时还不好意思要，更不敢催人还钱；好不容易出国玩一圈发个朋友圈分享喜悦，朋友看到了让你帮忙代购，不知道怎么拒绝，于是逛完景点还得逛专柜，累得腰酸背痛，发誓再也不发朋友圈了……

我们总是因为抹不开情面，因为不好意思拒绝，于是应承下各种心不甘情不愿的事情，最后委屈了自己成全了别人。

倘若别人因此念你的好也就罢了，偏偏有人不仅不念好，反而把你当成软柿子捏。

二

听同事讲过她们家的事情。

当初为了让她们姐妹俩接受好的教育，她爸妈省吃俭用多年，在县城里买了一套房。房子不大，只有两个卧室，刚刚够她们一家四口住。搬进新房子后麻烦事情就来了，刚开始是爸爸老家的亲戚要来城里办事，想要借住在他们家，可家里哪还有地方住？但她爸说："人家好不容易求我一回，我不能不帮。"最后姐妹俩只好搬到爸妈的卧室，把屋子让给亲戚住。从那以后，这种事情就接二连三地发生，七大姑八大姨轮番上阵，好好的家搞得像个宾馆一样。她爸妈因为这种事吵架，姐妹俩也因为休息不好，成绩下降了不少，爸妈终于意识到问题的严重性，决定以后谁来也不让借住了。令人想不到的是，之前借住过的那些亲戚听闻这个消息，不仅没有不好意思，反而指责她爸妈小气、忘本、看不起人。

真是让人气到吐血，这就是所谓的你帮了别人 10 次，只要你有一次拒绝，你就成了坏人。为什么会这样呢？因为他们早已习惯了你的顺从，习惯了你言听计从，说得不留情面点，他们之所以会这样，都是你的忍让造成的。如果你一开始，就守住自己的底线，斩钉截铁地拒绝。可能刚开始对方会因此有情绪，但这是属于他的感受，也是他人生必须要走过的经历。而学会拒绝，也是你必须要学会的技能。

三

在公司里，最容易受欺负的就是实习生，啥脏活累活都会安排给他们。一些“老油条”甚至还会把自己的工作也扔给实习生做，做好了，就是自己的功劳，做不好了，自己被上司骂了，他们还会反过来骂实习生。实习生们也是有苦说不出，因为觉得必须给前辈留个好印象，这样转正的时候也容易一些。

但前段时间来我们公司的实习生小满显然不是这样想的，该拒绝的，她从来都是毫不犹豫地拒绝。有次，公司一位“老油条”同事借口说自己太忙，想让小满帮自己分担一部分工作，小满想都没想一口就回绝了。小满给出的理由是，自己的工作已经满额了，事实也是如此。

私下里，我问她，你什么背景啊，这么有底气？小满笑着说：

哪有什么背景，之前去实习，我也是不会拒绝，同事让帮忙的都认真去做，本以为能博取同事们的好感，没想到他们得寸进尺，找我帮忙的越来越多。导致我都没充裕的时间去做好自己的事，最后被领导骂了一通。我才明白决不能这样下去了，于是开始拒绝一些求助。本来我都做好跟同事撕破脸的准备了，没想到我拒绝后，他们反而更尊重我了。就像是把我“当人”看了，而不是像以前那样吆三喝四的。

忘记了是哪位大家说的：我们常常以为降低底线可以换回些什么，其实决定你拥有什么的，恰恰就是底线！

一旦你降低标准，很快你就会失去你的原则，接着就会失去更多。换句话说，你怎么对待自己，旁人就怎么对待你。

四

为啥我们不敢拒绝别人？为什么说“不”就那么困难？这大概和我们从小接受的教育脱不开关系。

从小时候起，无论是父母还是老师，都教导我们与人为善，但却从未告诉过我们善良是有底线、有条件的。无条件的善良，就是纵恶。这种潜移默化带来的影响，就是我们从心底里不愿跟别人发生冲突，也不愿惹人不快，进而接到别人请求时，我们下意识觉得不好意思拒绝。

但哲学上有一句话：世上没有两片相同的叶子，人也是如此。既然存在不同，那相处交往时肯定会有矛盾。因此学会拒绝的第一步，就是改变自己的固有思维。

我们必须明白且谨记：矛盾天然存在，别害怕你的拒绝会产生矛盾；拒绝是你的权利，你有权利拒绝任何你不情愿的事情，你自己的感受比别人的更重要；好意思为难你的人，往往不是什么好人；一段好的关系不会因为你的拒绝就破碎了，相反适当的拒绝会让关系加深，更长久。

如果再遇到为难的事情，不妨心里默念上面几句话，然后微笑且坚定地拒绝。

当你学会拒绝，你才能真的感到自由！

好好说话的人，运气不会太差！

小　喵

荀子曰：与人善言，暖于布帛；伤人之言，深于矛戟。

我们常常说高情商的人总能在各种场合巧妙应变，既能让自己处于一个合适的位置，又能让别人感到舒适。说到底是因为高情商的人会说话，懂得什么话该说，什么话不该说。

我们用两年的时间就可以学会说话，但学会怎样说话却需要一辈子。

对于高情商的人而言，说话是一门艺术。

不说狂妄自大的话

老子曰：知人者智，自知者明。

一个话语间总是透露出狂傲、自大的人是不会被他人喜欢的，更不会得到别人的信任。

晚清四大名臣之首曾国藩就常对自己的弟弟说：“做事但求稳重，说话不可轻狂。”说什么样的话要和自己有多大的能力相匹配，没有人会愿意和一个总爱言过其实的人交往。因为狂妄总是和无知相关，对自己认识清楚的人是不会口出狂言的。

大家都听过“自相矛盾”的寓言故事：楚国有一个卖兵器的人，到市场上去卖矛和盾。见来看的人很多，先是吹嘘自己的盾是世界上最坚固的盾，无论是多锋利尖锐的东西都不能刺穿。接着又吹嘘自己的矛，无论多么牢固坚实的东西也挡不住它一戳。他对自己的商品十分得意，殊不知自己的叫卖有多么愚蠢。直到被人当面戳穿：“如果用这矛去戳这盾，会怎样呢？”他才灰溜溜地逃走了。

情商高的人从不会说大话，他们只会低调做事，认真努力，用能力为自己说话。

不论是在工作场所还是生活中，谦逊低调的人总是会更受欢迎，不说狂妄自大的话，才是高情商的表现。

不说伤害家人的话

身体上的伤害可以用药物治疗，但语言上的伤害却无法治愈。

俄国作家契诃夫曾经说过：“如果不能用柔软的话去征服对方，那么也就无法用严肃的话去征服任何人。”现代人的通病是对陌生人好言相对，对自己最亲近的人却恶语相向。“恶语伤人六月寒”，更何况是对自己最亲的家人。说出去的话就像泼出去的水，就算事后懊恼也无法收回。

近几年，有关家庭暴力的新闻屡屡爆出，与从前身体上的伤害不同，近些年社会上关于家长对孩子语言上的伤害的关注越来越多。

曾有儿童心理专家说过：

> 孩子的内心世界是很脆弱和微妙的，而孩子心目中评价是非的标尺也是很鲜明的。一旦遭受到他最信任的人——爸爸妈妈的语言暴力，可能就会将他们的嘲笑、谩骂转化为一种心理暗示，认为“我就是笨的人”“我就是懒惰的人”“我一无是处，不受欢迎”……这种自我否定、怀疑、消极的情绪，让孩子无法更好地处理人际关系，久而久之，孩子可能会出现抑郁、狂躁等心理疾病。

而作为子女，当我们日渐产生了独立的思想，也十分容易说出“无心之言”，伤害父母。“说了你也不懂。”“别说了，烦不烦？”“说了多少次不要你做，做又做不好。”“我吃什么我知道，别给我夹。”

仔细想想，我们是不是常常会说出这样的话来？其实也不是故意要伤害父母，但这样的话对于父母而言，无疑会令他们寒心的。而夫妻之间，作为人生中陪伴自己时间最久的人，却也常常遭受着我们最多的怨言。伴侣二字，是承诺也是责任。高情商的人，从不会说出伤害爱人的话。

情绪控制是一个成年人必修的“课程”，不要轻易对自己最亲近的人口不择言。

高情商的人懂得控制自己的情绪，不论有多么生气，也不会说出伤害家人的话。

不说负能量的话

负能量的人，总喜欢说怨话，不但自己解决不了任何问题，而且还会影响别人的情绪。

没有人愿意听别人的抱怨，生活应当是积极向上的，抱怨解决不了任何问题。与其怨天尤人，不如冷静思考问题。

鲁迅笔下的人物祥林嫂的故事大家都知道，她身世十分凄惨，因此满腹牢骚。逢人便拉着诉说自己的不幸，一遍又一遍地讲述自己的悲惨遭遇，想要以此来博得同情。但这样满满的负能量的输出，不但换不来同情，还会让原本同情她的人对她感到厌恶，把自己的悲惨变成茶余饭后的谈资。

我们身边都或多或少会有这样的“现实版祥林嫂”。这样的人，总是会制造出负能量来影响身边的人，直至身边的人也深陷消极情绪。

高情商的人，从不说负能量的话。与其疯狂抱怨，消极自己的人生，浪费他人的时间，不如用实际行动去解决问题。

不说不合时宜的话

蔡康永曾吐槽过说话不合时宜的人，“喋喋不休”和“口才好”，完全是两码事。跟一个寡言的人共处一小时，是很沉闷；但跟一个喋喋不休的人共处 10 分钟，你就会想逃离对方了。

废话连篇、说不到重点的人，总是说不合时宜的话的人，既消耗自己的时间，又浪费别人的生命。

曾有一位读者私信我抱怨说，他的同事讲话总是说不到点上：认真跟他谈工作，他能跟你从工作聊到喝咖啡再到电视剧，东扯西扯一大堆。问他项目上的事情，他从有多困难讲到有多累，反正就是给不了个准话。开会大家都围绕如何解决问题展开讨论，他偏要抱怨一顿中午的饭有多难吃。这样的人，工作效率极低，与人交往也是个问题。长此以往，对于生活和工作都会造成不小的影响。

而真正高情商的人，遇事三思，说话之前过脑子，懂得重点在哪里，讲话清晰明了。不讲不合时宜的话，也十分有益于营造出自身可靠踏实的形象，还愁人际交往、工作升迁吗？

不说搬弄是非的话

什么样的人最不招人喜欢？

答案必然是喜欢搬弄是非的人。高情商的人，不会在背地里随意议论别人，说三道四。

俗语说得好："说人是非者，必是是非人。"

我们常常在生活中遇到这样的人：他表面上和别人相处甚好，暗地里又在你面前将别人的形象贬低得一无是处。有时候甚至不敢想，他是否在别人面前也是这样说你的呢？

是非之人最惹人厌，贬低别人并不能抬高自己，反而会将自己带入一个尴尬的境地，落得个谁也不喜欢的下场。做人当光明磊落，如果对一个或是一件事有意见，高情商的人会当面提出商议，寻找合理的解决方法，而不是在背地里指指点点。

林语堂说：“你的谈话，会将你的一切隐秘宣布出来，会将你的真面目揭示给世界。”

高情商的人，不但做事有条有理，规矩得当，而且会讲话，知道该说什么话，不该说什么话。

会讲话的人，大都会顺风顺水，在人生道路上一路畅通。不论在什么场合，什么样的情况下，都不要乱说话。愿你成为一个高情商的人。

人生实苦，要和甜的人在一起

之 歌

情绪，是会传染的

曾经听过这样一个故事：有一个老板，非常爱生气。有一天，老板骂了员工老李，老李很气愤，一回家就跟妻子找茬吵架。妻子觉得莫名其妙，满心窝火，就狠狠地教训了一旁正在玩耍的孩子。而孩子十分委屈，愤怒中，一脚踢在了旁边的猫身上。猫咪惊起，窜出了家门避难，这时正好一辆车开过来，司机赶忙避让，却撞上了一旁的水果摊，撞伤了卖水果的老板。

有人把这一系列的事情命名为“踢猫效应”，其中的原理就是：负面情绪经过传播后导致的恶性循环。本来是老板自己一个人的坏情绪，却阴差阳错地接连传染给了 3 个人，最后，还酿成了一起车祸，这样的结果实在可怕。

不得不承认，有的时候，我们的情绪真的会被身边的人所影响。

曾在网上看过一个视频。视频里，一位男士走进了地铁。

一开始，地铁上的人们有的在听歌，有的在发呆，有的眉头紧锁似乎是在苦恼着什么。直到一串“笑声”响起。原来是刚进地铁的那位男士看到了平板里有趣的内容，正笑得前仰后合，夸张的声音引得车厢里的人纷纷向他看去。人们先是满脸疑惑，但在不断响起的笑声里，每个人都控制不住地嘴角上扬。原来冷冷清清的地铁车厢，渐渐充满了不同乘客的笑声。悲伤、烦恼被全部抛在脑后，此刻的地铁里变成了一片欢乐的海洋。

美国的心理学家希罗德认为，情绪传染是因为人类都有一种模仿倾向，很多时候，情绪会像感冒一样在人与人之间传染。也就是说，与情绪糟糕的人在一起，即便没有发生令你伤心的事情，自己的心里也会受到影响而阴云密布。而与生性乐观，整天开开心心的人在一起，你的四周也会充满阳光。

乐观，是最好的养生

很多时候，我们之所以会陷入痛苦、溺于悲伤，主要还是因为心态出了问题。

有些人身上却仿佛自带一种正能量，和他们在一起，就算是遇到阴雨天，心里也会觉得亮堂！

之前看过一个新闻，讲的是一对夫妻的故事：两人本来要出门，妻子在车起步的时候操作不当，车子一下就撞上了路边的消防栓，整个车都翻了过来。万幸的是，两人都只受了些皮外伤。原本高高兴兴地出门，如今车也毁了，身上青一块紫一块，大好的心情也没了。

本以为夫妻二人会因此不快，甚至争吵，没想到丈夫连一句责备妻子车开得不好的话都没有说，反而安慰妻子说，这是一次“逢凶化吉”的独家记忆，还请路人帮他们和翻了的车拍了一张合影。本是一场糟糕的车祸，就这样在夫妻俩乐观的心态中，变成了一件趣事。

其实，每个人的生活都不会一帆风顺，人生的道路上也总是充满了各种“磕磕碰碰”。这个时候，和能够“笑对生活”的人在一起，你会发现世界都会变得有所不同。

在我家隔壁，住着一对八十多岁身体依然硬朗的老夫妻。有一次，在和隔壁奶奶聊天的时候，我问起了她长寿的秘诀，奶奶笑着给我讲了一件她和爷爷的事。有一次，奶奶在出门时，忘记了还在炉灶上煮着的粥，等到回家时才发现，粥煮糊了，锅也煮漏了。奶奶正自责的时候，爷爷回来了，他看到这幅景象不仅没有生气，还开心地笑了。爷爷安慰奶奶：“这有啥可生气的呢，没有着火，也没有受伤。粥煮糊了，咱俩正好出去吃个大餐，顺便还能逛逛超市买个新锅，挺好挺好，我早就想换个锅啦！”爷爷这么一说，奶奶也生不起气来，高高兴兴地跟着爷爷出去吃饭逛街去了。

原来，奶奶长寿的秘诀，就是“和爷爷在一起”。奶奶说，自从遇到性格沉稳、随和的爷爷，她自己也跟着改变了许多。曾经性子急、爱钻牛角尖的她，和爷爷在一起时间久了，也慢慢发现，很多糟心的问题，只要换个角度，便可以轻而易举地解决。

不上火，不生气，日子自然就顺了，身体自然就好了。情绪可以影响身体，这种说法听起来玄乎，但的确是有科学依据的。据统计，目前与情绪有关的病多达 200 多种，在所有患病人群中，70% 的患病原因都和情绪有关。除此之外，美国研究人员曾对 700 名百岁老人进行了 3 年跟踪研究，揭开了他们的长寿秘密：性格开朗，很少发愁，基本不发火，一辈子心平气和。

可见，和让你整天生气的人在一起，对你来说基本就是“慢性自杀”。

同样地，最好的养生不是每天吃多少补品，而是要和让你开心的人在一起。

人生很苦，和甜的人在一起

漫漫人生路，如果能够遇到一个“甜”的人，那一定是你一生的幸运。

王小波说：“一辈子很长，要找个有趣的人在一起。”而李银河的生命，也正是因为这个“有趣”的王小波而变得精彩、甜蜜。在两人谈恋爱时，王小波曾因为外貌遭到过李银河妈妈的反对，面对李银河提出的分手，王小波用一封接一封的情书作为“回答”：

“你应该去动物园的爬虫馆里看看，是不是我比它们还难看……”

“一想到你，我这张丑脸上就泛起微笑。”

每次打开王小波的信之前，李银河都是一脸严肃，想看看他还能写出什么名堂。但每次读完，都被王小波的信逗得捧腹大笑。除了幽默，两人平日的通信更是“甜到掉牙”：

“我和你就像两个小孩子，围着一个神秘的果酱罐，一点一点地尝它，看看里面有多少甜。”“做梦也想不到我把信写到五线谱上吧？五线谱是偶然来的，你也是偶然来的。不过我给你的信值得写在五线谱里呢。但愿我和你，是一支唱不完的歌。”

后来，在王小波去世的第 20 个年头，65 岁的李银河回忆起他时，有句话忍不住说了两次：“那些情话有一句我就满足了，但他足足说了 20 年。”

和“甜”的人在一起，人生都仿佛泡在了蜜罐里。

叔本华说：“人生实苦。”

的确，在我们的人生里，总会有许多的矛盾、烦恼。日常生活中，也总是有各种不尽如人意的事情发生。虽说人生很苦，但我们依然有权利追求属于自己的快乐和幸福。而最好的方法，莫过于和“甜”的人在一起。

他们不一定能助你平步青云，却会在你需要支持的时候默默为你打气；他们不一定十分完美优秀，却能让你时时刻刻感到开心、舒适。

既然人生苦，那就和“甜”的人在一起吧！

在漫长的一生中，愿你能遇到那个“甜”的人，和你一起抵抗生活的累，陪你发现生活的美。

Part 3

与家人·谈谈心篇：

最好的自己，要留给最亲的人

独立是赠给孩子的最好礼物

塞　柏

一

真正的教养不是在温室里栽培植物，而是帮孩子建立完整的人格，同时教会他们独自面对世界。

之前看某热门电视剧，每次主角出场我都恨不得上去打一巴掌。小时候他不好好学习，整天偷懒要滑，最擅长的就是哄母亲开心。不想洗衣服，说几句好话，母亲就指派他妹妹去洗。长大了没考上好大学，母亲花钱帮他找关系；后来毕业没工作，还是靠老妈。甚至结婚了钱不够花的时候，依然伸手问母亲要。只要儿子开口，他的母亲就宁可委屈自己也不会委屈他。就这样一味溺爱，自然而然养成了主角事事依赖父母，从不替旁人着想的性格。母亲突然去世后，他还来不及反应，生活就已经彻底乱了套。家里他管不住老爸，搞不定媳妇，工作上想投资却被骗光了全部资产，全家鸡飞狗跳。有时他也在想，为什么母亲在世时一切都好好的，妈一走就什么都乱了。直到结局，他才幡然醒悟，决定去非洲工作重新开始人生，学着不靠父母、不靠兄弟姐妹，学着自己独立面对生活。

这样的“啃老妈宝男”，不止电视剧中有，现实生活里也有很多。

48 岁的大卫是一名海归硕士，同济大学毕业后，又在加拿大名校滑铁卢大学拿到了工程硕士学位。一直以来，大卫都是母亲的骄傲，母亲也一直尽心尽力地满足儿子的一切要求。然而，这个本该有着大好前途的“别人家的孩子”，自从 2012 年回国后就一直窝在家里，再没有出去工作过。生活基本是白天睡觉，晚上打游戏，如此循环往复，靠母亲给的一点生活费苟活。大卫的母亲 82 岁，身患尿毒症，因为经济拮据，她每周的 3 次透析都只能挤公交车。万般无奈之下，母亲将大卫告上法庭，要求他赡养自己，想以此逼迫儿子出门工作。事实是就算母亲赢了诉讼，大卫也没有可供执行的财产，他无力养活自己，更不要说赡养母亲了。诉讼只能是一纸空文，最后，母亲不得不撤诉。

面对如今的困局，镜头前的老人流下了懊悔的泪水。她说：“我教育不对，样样自己包办，他从小样样都是现成的，依赖惯了。是我毁了他的前途，我有罪。”

或许做父母的都一样，永远会担心给孩子的爱不够，所以处处付出、处处包办。希望孩子专注学习就好，希望他们的路走得顺当一些，希望他们能得到最好的……但父母的“事必躬亲”往往会害了孩子。

不经历风雨，怎知世事艰难。一个人唯有走过弯路、摔过跟头，才能真正获得成长。

清华大学社科院院长彭凯平也说：真正的教养不是在温室里栽培植物，而是帮孩子建立完整的人格，同时教会他们独自面对世界。

二

成人，才是最大的成功。

作家叶壮在书中提到过，我们养孩子的最终目的，就是让孩子拥有足够的能力离开我们。在采访现场，他又一次重申：成人，才是最大的成功。他认为人的成功只有一种，就是以自己期待的生活方式过完这一生。成功的前提是要成人，成为一个身心独立自主的人。

叶壮认为相对独立的孩子有多方面的优势。著名心理学家爱德华·德西提出过一个著名理论——自我决定论（SDT）。爱德华认为独立意味着人生中有三个基本需求能得到满足：第一个是你的自主需求，简单说就是你想做什么能自己决定；第二个是你的胜任需求，人除了说我想做之外，还要认定我能做到，从胜任开始，独立个体通过完成各种各样任务体验胜任；第三个需求叫作归属需求，俗语说“老乡见老乡，两眼泪汪汪”，这就是归属需求。如果一个人始终没有成为独立个体，也就谈不上什么归属需求，他将一直是“爸爸妈妈的宝宝”，而不是“自己”，不存在“自我”这一属性。

孩子不独立，就满足不了这三个需求，这三个需求满足不了，从自我决定论的角度讲，这孩子的幸福感就会偏低，他的人生状态相对而言会显得更加低迷。独立对于孩子来说是有相当的重要性的。

培养孩子独立自主的能力，有几个最重要的方向。比如给孩子界定良好的规则，让孩子对规则本身有足够的敬畏或者尊重。我们说一个人不独立，常常最典型的表现就是他对于规则缺乏敬畏。这事该他做，他说我就不做，我妈帮我做，然后他妈帮他做了。想让一个孩子独立，第一点就是需要给他界定良好的规则，让他对于规则本身保持敬畏，唯独这样他才能在一个良好的框框里面，真正做到独立本身。独立并不意味着谁的帮助都不需要，恰恰相反，独立往往有另外一个东西就是支持，有人支持你，你才有资本独立。因为有人支持，这种坚定的感觉会让你更有信心一个人往前走。除了这两点之外，俗话讲“打铁还需自身硬”，一个人还必须拥有好的习惯和性格，才能够独立。

简而言之，就是以下三个核心要素：对于规则本身的敬畏，来自外界积极的支持，个人的良好习惯。父母可以从这三个核心要素出发来培养孩子的独立能力。同时，不管是小孩还是大人，要让一个人持续成长、走向独立，则应该在三个方面进行重点帮扶：一个是阅读，一个是笔记，一个是思考。

只有阅读和笔记没有思考，这个人就变成了一个复读机；只有阅读和思考没有笔记，这个人就会老走回头路，老走弯路；只有笔记和思考没有阅读，这个人就缺乏站在前人肩膀上看世界的基础。

这三方面结合，才能构成一个人进步的阶梯。

当然，阅读会帮助人变得更加独立，如果你没有阅读，就没有储备；没有储备就没有笔记的素材，没有笔记就没有办法提炼出思考；没有思考就没有独立的思想，没有独立的思想就只能随波逐流。

父母不是天生的父母，不同的父母要做不同的改变。很多家长认为养育孩子有“正确答案”，但实际上不是这样。每个家庭、每个孩子都有各自适用的养育手段和教育方法。家长应该做的是去学习大量的教育手段、教育方法，然后选择你能接受、对孩子有用、能产生好结果的去用。

很多家长发现现在市面上有各种各样的养育书籍，然后家长就会说“这个专家跟那个专家说的不一样”。一样就麻烦了，一样就能“家长考级”了。最怕的就是家长对某个专家说的全盘接受，这反而更容易出问题。自己选择与决定一个养育孩子的手段，这是今天打开养育模式正确方法的钥匙，而不是信一个人就全向着他。

叶壮在养育孩子的过程中会极大程度上求助于各种理论，

以及各种已经被验证的模型来提供支持。比如说孩子的语言发展到哪个节点，他应该是什么样子。为了评估他正常不正常，就会去查阅相关数据和研究成果。家长得先知道研究出来的正确结果，就要去看书。比如《发展心理学》，主要研究人毕生发展的心理脉络。家长读完大概心里就“有谱”，孩子在不同阶段大概应该是什么状态，有哪些能力，如何社交。

比如说一个两岁半的孩子，家长却担忧两岁半的孩子跟其他孩子玩过家家，无法融入群体怎么办。实际上，他融入群体是不可能的，因为过家家一般是三岁八个月到四岁两个月的孩子才能培养出来的技能，到这个时候，孩子才拥有能力去假扮某个社会角色，比如老师。

家长还要阅读一些针对具体问题的书籍。比如孩子做事老是“坐不住”，你让他忍耐一会儿，他就是忍不下来，耐性不行，家长就得看专门研究。斯坦福大学的沃尔特·米歇尔教授写了一本叫作《棉花糖实验》的书，专门讲儿童自控力，如果自家孩子自控力不行，就看这本书。孩子特悲观，就看积极心理学家马丁·塞利格曼写的《教出乐观的孩子》。

我觉得父母应该有的放矢地去给自己家孩子选择书，因为不同的孩子短板是不一样的，长板也是不一样的。

所以总结一下是两句话：第一句话是基础知识得恶补；第二句话是具体问题具体解决。

三

孩子是风筝，父母是放风筝的人。

《目送》里有一段话：我慢慢地、慢慢地了解到，所谓父女母子一场，只不过意味着，你和他的缘分就是今生今世不断地在目送他的背影渐行渐远。你站在小路的这一端，看着他逐渐消失在小路转弯的地方，而且，他用背影默默告诉你：不必追。

教育学家说：作为父母，如果你能帮孩子一辈子，那么你就事事包办，如果不能，就放手让孩子自己去走。

其实父母和孩子，就像风筝和放风筝的人。小的时候，适时地松松手中的风筝线，让孩子学会独立，学会自己走，他才能乘着风飞得更高更远；等到孩子大了，必要的时候，就要狠心剪断那根线，这样孩子才能无所顾虑地远走高飞。

这才是养育的最终目的。

父母，家的灯塔与港湾

寒江雪

一

我们常说，“格局决定人生”。一个人的格局大小，不仅决定了今后自身能够站多高、走多远，也影响着他的下一代。俗话说，“有其父必有其子”。古往今来，父亲往往充当着一家之主的角色，作为家中的“顶梁柱”，父亲就需要有足够大的格局来为家庭、为子女做出正确的抉择。

电影《摔跤吧！爸爸》中，阿米尔汗所饰演的辛格，就是一位有着大格局的父亲。在发现女儿的摔跤天赋后，辛格让女儿换下裙子，剪掉长发，成为一名摔跤运动员。女儿埋怨他，左邻右舍认为他是个疯子，最亲近的妻子也没有全力支持过他。但他还是顶着无数质疑把女儿培养成了摔跤冠军。他完成了自己的梦想，改变了女儿的人生，更激励了千千万万的女性。在大家普遍认为“丫头就该待在厨房里”“女孩学摔跤将来没人要，嫁不出去”的时候，他却告诉女儿，“你要为了千万个被认为不及男生的女孩而战”。正是因为他的大格局，帮女儿摆脱了一辈子洗衣做饭的命运，活出了之前从没人敢想过的人生。

古语有云：“父母之爱子，则为之计深远。”而这“计深远”的能力，则主要取决于父亲的眼界和格局。这个格局，并不体现在做大事、赚大钱，或者要把孩子培养成一个多么优秀的精英上，而是看他的心思是否纯正，目光是否长远，胸襟是否开阔。而这些，都会在潜移默化中传递给孩子。

父亲的格局越大，教出的儿女就会越出色。反之，如果父亲鼠目寸光，不思进取，执迷于眼前的小名小利，久而久之，即便子女有着惊人的天赋，也难保不会成为下一个方仲永。

父亲作为孩子人生中最重要的人之一，给孩子人生方向板正帆、指对路，孩子的未来才会一帆风顺。

二

心理学博士、脑科专家洪兰女士在TED演讲时，用她对男性与女性的脑部研究报告从科学的角度阐明：从人类演化角度看，女性的情绪能量远远超过男性，母亲是家庭的灵魂，母亲快乐全家快乐，母亲焦虑全家焦虑。母亲的情绪决定家庭的氛围，而家庭的氛围则直接影响子女的性格形成和内心温度。

胡适曾经这样评价过自己的母亲：“我母亲的气量大，性子好，事事格外容忍。待人最仁慈，最温和，从来没有一句伤人感情的话。”

胡适的母亲年轻守寡，又是当家的后母，根据胡适的描述："大哥是败家子，吸鸦片烟，赌博，钱到手就光，光了就回家打主意，见了香炉就拿出去卖，捞着锡茶壶就拿出去押。"大嫂"最无能而又最不懂事"，二嫂"很能干而气量狭小"。要料理这样一个复杂的家庭，个中心酸可想而知。但她却没有因为悲惨的命运满腔牢骚，更不会将负面的情绪发泄到孩子身上。即便胡适犯了错，需要受罚时，她也是等夜深人静，关了房门时才行罚，因为她教训儿子不是借此出气叫别人听的。

胡适曾说，幼年除看书和写字之外，还给了他一点做人的训练，而在这一点上，他的恩师就是他的慈母。其实严格算算，胡适不到13岁就离开母亲，此后独自"混了"二十多年，没有一个人管束过他，但母亲对他的影响却是巨大而深远的。他说："如果我学得了一丝一毫的好脾气，如果我学得了一点点待人接物的和气，如果我能宽恕人、体谅人——我都得感谢我的慈母。"

一个孩子如果拥有一个宽容、温柔的母亲，一个轻松和乐、充满爱的家庭环境，那么这个孩子一定会自信、阳光，充满安全感地长大。反之，母亲情绪不稳、喜怒无常，孩子就会越发敏感、小心翼翼，而这些都会成为孩子骨子里的烙印，跟随他们一生。即便他们将来取得再大的成就，也依然摆脱不了这个阴影。

姜文在做客《十三邀》的时候就明确表示过，他是一个不自信的人，因为他从小到大一直在试图讨好他的母亲，但从未成功过。他考上中戏，兴冲冲地拿着录取通知书回家，母亲啪的一下丢到了旁边，然后催促他说：“你还有一盆子衣服没洗，快去洗！”他在社会上混出“人样儿”了，给母亲买了房，母亲觉得这是理所当然的事。后来直到母亲过世，他也没能得到一句梦寐以求的称赞。

有些父母觉得孩子小，不记事，所以小时候怎么对他都无所谓。但这大错特错了。孩子们感知他人情绪的能力是很强的，家人每一次的否定、打骂，都会在他们心上留下不可磨灭的伤痕。

母亲如果希望自己的孩子能够健康快乐地成长，那么首先，要自己先快乐起来。因为母亲是孩子在世界上最依赖的人，孩子们受伤了难过了第一个想要去依靠的人便是母亲。只有母亲情绪温和稳定，才能在孩子最需要安慰的时候告诉他：“没关系，妈妈爱你。”

所有的父母都希望自己的孩子能拥有美好人生，为了让孩子赢在起跑线上，他们愿意付出自己的一切。但如果人生真的有起跑线，那一定不是学区房，不是贵到“天价”的补课班，不是世界各地的旅游，也不是父母在各自事业中的成就。而是一个眼界开阔、目光长远的父亲，一个性情和善、柔情似水的母亲，和一个充满爱与欢笑的成长环境。

界限感培养幸福孩子

张牧野

一

曾热播的某电视剧，因其细腻又现实的情节大受观众好评，剧中陶虹饰演的母亲宋倩更是给人留下了深刻印象。宋倩是一个多金又传统的家庭妇女，坐拥北京五套房，社会地位很高。就是这样一位生活富足的母亲，并没有只顾自己化精致的妆、穿着漂亮的衣服，过志得意满的人生，而是选择把所有的精力都放在女儿身上。

宋倩对女儿的教育可以用“控制”来形容。某个周末，母亲难得开明，没有把女儿关在房间写作业，而是带她去看了一场电影。观影过程中，两人谈论剧情，女儿无意识地透露出自己看过这部电影。母亲一下子火了，拉着女儿冲出了影院，对着女儿咆哮，觉得是在浪费时间。即便女儿考试拿了第二名，她也是一幅冷冰冰的样子，语气冷淡地说，才考了第二名，有什么好高兴的？她严格控制前夫和女儿见面的次数；不允许女儿进行任何的娱乐活动；在女儿的房间里装上整面的隔音墙……

在她偷偷修改了女儿的高考志愿时，女儿终于崩溃，想要去跳河，以此来彻底摆脱母亲的控制。

看完宋倩对女儿的教育后，网友大呼真实，这不就是典型的中国式家庭吗？我们能真切地感受到，女儿过得很累，母亲更累。父母想当然地以为，把所有的精力都放在孩子身上就是满满的爱，从来没有想过，或许对孩子来说这其实是满满的压力。

父母觉得把孩子全部的人生规划好，让孩子按照既定的轨迹走，少走弯路就是爱，却从来没有想过，孩子有他自己的人生，他的人生应该他说了算。

二

高中毕业后，我想去大城市，见见世面。父亲非要逼迫我去新疆，原因也很简单，毕业后好就业。他还干涉我报专业，我想报汉语言文学，他说不行，毕业后不好找工作。那是迄今为止我和父亲关系最不好的一段时间。后来，我乖乖就范，去了新疆，也报了一个并不喜欢的专业。但从那以后，面对人生的所有决定，我都不会再告知他，和他商量了。大学毕业后，在没有通知他的情况下，我来到北京，做着跟文字有关的工作。我拿回家几本杂志，杂志上发表了数篇我的文章，慢慢地，他认可了我。再后来，他总是表现出很失落的样子，常常自责，当初不应该干涉我做决定。

毕竟，这是我的人生，我有权力决定自己人生的方向。

跟我一样，被父母左右人生选择的朋友不在少数，但有些可就没我这么幸运了。一位朋友，大学毕业后，被父母安排进了医院。可她并不喜欢医院的环境，更不喜欢这份工作，但在父母眼里，这份工作体面又稳定。她经常在我面前抱怨，却又无能为力。她无数次想过要换工作，可是每次提到这个，父母就长吁短叹，埋怨她不懂事，各种诉苦，弄得她很内疚。就在几个月前，她还是离开了医院，不是她说服了父母，而是她得了抑郁症。长期待在不喜欢的环境中，又从事着并不喜欢的工作，久而久之，她就抑郁了。

现在她在家调养身体，父母悔不当初。

父母爱她吗，一定是爱的。

心理学家李雪在《当我遇见一个人》中提出：界线，可以说是中国人最缺乏的概念之一。悲剧的发生，正是因为父母没有掌握好和孩子之间的界限。父母不顾孩子的感受，自以为是的爱，没有和孩子分清界限，过多干涉，给孩子留下的更多是伤害。

父母总希望孩子少走弯路，少吃点苦。可是，有些路注定是要一个人走的，父母只能陪伴孩子一程，不能陪伴一生。所谓的“为你好”都是一种托词，是在以爱的名义绑架孩子的人生和精神。

罗振宇说，以前认为，父母是比孩子早出生的人，所以有责任把经验、知识、技能传授给孩子。但是现在可能得倒过来想，孩子是比父母活得久、死得迟的人，父母提供的任何经验和技巧都不足以让他应付未来社会。

总有一天，孩子需要独自应付世界，应对挑战，如果父母一再庇护、干涉，孩子没有养成独立的人格、良好的习惯，该如何生存？

三

有一位女性朋友，二十几岁的时候，谈了一个男朋友，两人非常恩爱。就在她把男朋友带回家时，却遭到了父母的强烈反对，被迫分手。后来，她又谈过几段恋爱，但都没有维持多久，无疾而终。甚至她带新的男朋友回家时，父母会告诉她，还不如第一次带回来的那个男生。她很纳闷，既然第一个男生不错，为什么当初要横加阻拦？今年她已经三十岁了，父母又开始催婚，她自己也着急，但始终没有遇到合适的。这时候，父母又回过头问她，当初那个男生结婚了没有，感觉其实那个男生挺好的。朋友没好气地说，人家孩子都有了。

我一直调侃说，她找不到合适的结婚对象原因是在跟父母赌气，或许她的父母也这么觉得。但朋友说，她真没有，她有努力过，但唯独在爱情里，努力是没有用的。她没有抱怨过父母，但父母却一直觉得愧对女儿。要是当初没有阻拦，或许女儿早就找到归宿了。

在中国式的家庭关系里，只要父母尚在，似乎总是会通过种种方式干涉孩子的生活。上学的时候，干涉学习；毕业以后，干涉工作；谈婚论嫁时，干涉婚姻；有了孩子后，干涉孙子的教育。这样的父母一生都很忙碌，要么是忙着工作，要么是忙着教育孩子。孩子是他们的全部，甚至是生命，在孩子面前，父母是没有自己的。他们把这种牺牲理解为爱，但其实真正的爱可以亲密，但不能无间。

纪伯伦在《致孩子》里写道：你的儿女，其实不是你的儿女。他们是生命对于自身渴望而诞生的孩子。他们借助你来到这世界，却非因你而来，他们在你身旁，却并不属于你。

有些父母从来都理解不了，孩子不止是你的孩子，他还是一个独立的“别人”。父母痛苦、孩子不快的根本原因，就是没有把孩子当成“别人”，没有界限感。

四

在一些家庭中，孩子似乎不能有自己的想法和个性，一切都要按照父母安排好的走，不然就是不孝顺、不听话、不懂事。有人说，面对父母，自己压力很大，总是担心做不好，会有愧疚感，久而久之在父母面前，就变得不快乐了。

我相信，这不是他一个人的痛苦，是无数中国孩子共同的痛苦。

伍绮诗在《无声告白》里写道："父母越是关注你，对你的期望越高，他们的关心像雪一样不断落到你的身上，最终把你压垮。"

孩子是独立的个体，有他自己的人生和命运，父母可以给予建议，但不要横加干涉，要放任孩子发展自我，实现自我价值。毕竟，孩子不是父母梦想的载体，也没有义务完成父母未完成的梦想，因为他有自己的梦想，父母应该做的是鼓励孩子追逐他的梦想。父母与孩子之间，不妨多一点界限，别让自己的"无微不至"伤害孩子，也别让爱成为一种压力。

有句话说得很好，父母对于孩子的决定，应是尊重但不强求；父母对于孩子的生活，应是祝福但不打扰。大胆放手，让孩子做最好的自己。

告诉你的孩子，这样的伴侣不能选

张一条

一

某个电视剧里有这样一段情节：一对情侣坐在桌前准备吃饭，女生给男朋友盛汤，因为豆芽盛多了而香肠盛少了，被男朋友好一通抱怨，甚至还翻起了几个月前吃饭时的旧账：“上次吃火锅你多吃了几片肉，上上次点炸酱面时总共送来五个饺子，你吃了三个而我只吃了两个……”

演到这段时，弹幕飘过的都是：这日子没法过了；计较成这个样子，以后怎么一起生活。

仔细观察一下网上的情感咨询不难发现，因为另一半太爱计较而谈“崩”的感情绝不在少数。有网友分享自己跟男朋友的故事，生动地说明了跟斤斤计较的人在一起，活得会有多累。那位网友承认，她和男朋友都是十分爱计较的性格，两个“小心眼”凑到一起，简直就是一场灾难：就是每天谁主动联系谁这一件小事，两个人都能因为觉得自己找对方多、对方找自己少而僵持一个月，谁也不主动找谁；出去约会，你请吃饭我请看电影本来也是很常见的形式，两个人也非要计较我出的饭钱比你出的电影钱多；吵架时翻旧账更是家常便饭，“昨天我给你发信息你过了半个小时才回”“上次你说去自习结果是跟室友一起出去通宵”“两个月前你背着我跟别人搞暧昧”。

他们把对方做的每一件错事都记在心里，作为攻击对方让自己赢得胜利的筹码。他们永远用最大的恶意来揣测对方的一言一行，哪怕是善意的谎言，也认为是不安好心。用她的一句话总结是：他们两个谈恋爱，谁都没得到一丝幸福感，只有无尽的累和烦。付出时期盼回报是人之常情，但我们都知道，感情里没有绝对的均衡。今天你让我一点，明天我让你一点，是正常的事情。感情就是在这种不断的迁就和妥协中越发深厚。但斤斤计较的人，会把感情当成一件按斤称的买卖。他付出一分，便要你马上还一分甚至更多，若不能立刻还上，就开始揣测你是不是想占便宜。或者将自己的付出记得一清二楚，别人的好却过后就忘。

跟斤斤计较的人在一起，不仅会身心俱疲，长此以往，连自己的心态和格局都会受到影响，变得愈加狭隘。

二

心理学中有一个“羊群效应理论”，是指一群羊在草原上都漫无目的地行走时，只要其中一只开始领头跑，其他羊也会不假思索一哄而上，不管那是不是它们真正想去的地方。

没有主见的人，就如同这群起哄的羊。别人往哪走，他也往哪走。或者是原本决定好的方向，别人三言两语一说，就又放弃了自己选择的路。不敢坚持自己的想法，别人说什么就是什么的人，在婚恋市场上常被称为“妈宝男”或者“妈宝女”。同时，这也是很多人告诫过的结婚时绝对不能选择的一类人。因为和没有主见的人在一起，不是跟对方共度人生，而是跟他的亲人朋友一起“过日子”。

曾看到一条新闻，“30 岁儿子为了 6 万元彩礼钱逼死生母”。大众在对此表示震惊和痛心的同时，也不禁感慨，没主见真的害死人。女方没主见，爸妈说要加彩礼就加彩礼；男方也没主见，女方家说什么就是什么，两个没主见的人加在一起，才造成了这么一场悲剧。没主见的人，把别人的思想奉为自己行动的准绳，丝毫不考虑自己真正的想法是什么，以及这样做到底对不对。

和没有主见的人生活在一起，就要随时做好这样的心理准备：你们两个说好了一件事，到最后他却变卦了，理由是他爸（妈、亲戚、朋友）说……

婚姻本身应该是夫妇二人遇到大事一起商量，遇到困难一起承担。两个没主见的人结了婚，婚姻状态就会真的变成“一张床上躺了 6 个人”。

到那时，失望是难免的。

三

新冠肺炎疫情期间，听说过一件事：一对情侣聊天，女生让男生劝说父母不要出门，出门的话一定戴上口罩。男生说，这个要求太难了，父母根本就不听他的劝，今天还不戴口罩出去跟人搓麻将了。女孩听完，当即跟男生提了分手，理由是这个时候还不戴口罩出去转悠的父母，一定是漠视规则且听不进道理的人，不能嫁进这样的家庭。

绝大多数人都认为，男孩被分手得不冤。因为在结婚之前，对方的父母及家风，也是很重要的考虑因素。一方面，对方父母的品格决定了今后两家人能否相处愉快；另一方面，父母的人品和三观，也会很大程度地影响他们的孩子，也就是我们要与之步入婚姻殿堂的那个人。这也就是为什么在情侣结婚之前，都会去对方的家里拜访，这是一场相互的考验。父母在判断这个人够不够格跟我的孩子结婚的同时，晚辈也在暗自考量，这个家庭值不值得我去加入。

身边有一个朋友，跟男朋友谈了3年，临到结婚的时候分手了。因为她发现男朋友的母亲曾经是第三者上位，而他的弟弟现在也有婚外情。他的男朋友什么都知道，却一副这很正常的样子。她说：“我们两个感情是有的，但是他这样的家风，我不敢冒这个险。谁知道他将来会不会跟他父亲、他弟弟一个样呢。”谈婚论嫁的时候，家风远远比家境更重要，它会潜移默化地影响几代人。

家风正，遂人不斜。

一个家庭，有好的家风、好的传统，才能给晚辈将来的和谐生活打下坚实基础。

四

一位知名微博博主曾曝光自己被男朋友家暴的事情，让人看了触目惊心。博文里写道："他抓住我的肩膀使劲往地上一摔，很用力的一摔，我当时尾椎直接摔在地上；我用手护着尾椎，不想他再踢我尾椎，然后在这个期间他把我在地上翻来覆去，用脚踹我身体……就连跑进电梯，最后也是无助地被施暴的男友强行拖回了家。"

跟一个有暴力倾向的人在一起有多可怕？这也许就是答案，但还不是最恐怖的答案。

有暴力倾向的人，一定要远离。伴侣有没有暴力倾向，不是只有结婚住在一起之后才能发现的。在交往之中的一些行为表现，也足以说明问题。比如多疑、无端吵闹；又比如在情绪失控时极有破坏欲，摔东西、捶墙，甚至自残。对方若屡教不改，那你可要小心了。就算是为最基本的人身安全考虑，也一定要远离有暴力倾向的人。否则连人身安全都无法得到保障，又怎么去谈论婚姻美满与否呢？

世间每一对父母都希望自己的孩子能够一生顺遂，那么在孩子选择伴侣时，就一定要教导孩子要慎重和理性。就算不能选出最好的，起码要规避掉最坏的。希望每一个孩子在结婚之前，都能够擦亮眼睛；而在结婚之后，都能够坦然且幸福地说出：我不后悔当初的选择。

原谅父母的不完美

张一条

一

在网上看到过这样一个帖子："被爸妈拖累该断绝关系吗？"光看标题，还以为父母对他做了什么十恶不赦的事，点进去一看才发现，原来楼主父母的经济条件不太好，养老看病都需要花很多钱。楼主觉得，有这样一对父母的拖累，会导致自己"事业不顺"，将来娶妻生子也都会受到影响，于是"不想把资源浪费在父母身上"，打算跟父母斩断关系。

不出所料，底下的评论是一边倒的指责。其中有一条说得一针见血：想通过抛弃父母找个好对象，更好地培育下一代，正经人家的好姑娘可能会接受一个有上进心的穷小子，但是大概率不会接受一个虐待自己爹妈、和爹妈断绝关系的人。

别说做伴侣，反正和这种人做朋友我都不敢。

都说要看一个人最真实的样子，就看看他对父母的态度。一个对父母都薄情寡义的人，是经不起任何人性上的考验的。

我们从小被教导“百善孝为先”，孝顺父母、尊重父母，是做人最基本的品格。只有在父母面前，我们才可以当“孩子”。可能很多人都有过这样的感受：年纪越大，就越恋家。当我们随着年龄增长接触的社会现实越多，就越能体会到家的温暖和安全感。这份温暖和安全感，便来自父母。

老舍先生说：“人即使活到八九十岁，有父母亲便可以多少还有点孩子气。”

深以为然。

在外面，我们要独当一面，做一个不动声的成年人。但是回到家里，回到父母面前，我们可以抱怨、可以倾诉，甚至可以不讲理地闹闹小脾气。因为我们知道，父母永远会包容我们。

有位女演员在工作最忙的时候，也要每天给父母打电话报平安。在北京买了房子之后，每年都要把父母接来住一段时间。在这段时间，她不接戏，推掉一切应酬，甚至连手机也关掉，一心一意在家里陪父母。有时，她还一手牵着父亲、一手牵着母亲在公园里游玩，去街上吃各种小吃。她说，在父母的面前，她永远可以当一个长不大的小女孩。她总觉得自己是一只风筝，无论走到哪里，线都紧紧拽在父母手里。这让她觉得，自己是有人牵挂的。父母就像是我们藏在心里的一座游乐园，只要他们在，我们就可以偶尔放纵自己当一回小孩子；假如他们不在了，我们人生最幸福的时期就结束了。

父母在，人生尚有来处；父母去，此生只剩归途。

二

一个人最好的修养，是原谅父母的不完美。

日本著名导演北野武曾经这样形容过他与母亲的关系：“我用尽一生与母亲较量，最终满盘皆输。”

用现在的话来说，北野武的母亲是一位不折不扣的“虎妈”：不准孩子有兴趣爱好，强迫孩子学习，成绩一旦不好就对孩子一顿打骂……因为这样，北野武对母亲是厌烦的，甚至是厌恶的。大二那年，北野武与母亲断绝关系，从家里搬出去独自生活。他以为靠着打工就可以赚到房租和零用钱，却没想到一回神，房租已经拖欠了半年。他以为自己还能继续住在那里，是因为房东的仁慈，却没想到房东跟他说，从半年前他搬过来的时候，母亲就偷偷坐出租车紧跟在后面，并且拜托房东说：“这孩子傻傻的，肯定会欠房租，如果一个月没缴，就来找我拿。”

后来，北野武凭借着《菊次郎的夏天》《花火》等作品名声大噪。但让他心寒的是，他母亲第一时间想到的不是祝贺，而是向他要钱。从那以后，母亲有了按月向他要钱的习惯。一晃好多年过去了，母亲生病住院，打电话叫北野武去看她，并在北野武临走前交给他一个小袋子。北野武回去后打开，发现里面是一张以他的名义开的储蓄存折。

1976 年 4 月 × 日 300 000

1976 年 7 月 × 日 200 000

……

这些年北野武给她的钱，她分文未动，全都存在了这张存折里。母亲担忧艺人不知道哪天就会走下坡路，而北野武又不懂得存钱，所以才用这种方式来替他做打算。北野武的母亲不能算是一个完美的母亲，她专横、霸道，不懂表达，因此北野武用尽了一生跟母亲较劲。但当他真正领会了母亲对他的爱时，一切都已经来不及了。

俗话说，金无足赤，人无完人。没有十全十美的人，自然也不会有十全十美的父母。为人子女的必修课，就是原谅父母的不完美。

他们或许古板、严厉、固执……但不能因为这些缺点，就忽视了他们对我们的爱。

一部韩国电视剧里，有个细节令我印象很深：德善因为父母偏爱姐姐和弟弟忽视自己，埋怨了父母很久。她看到的是一只鸡的两个鸡腿，妈妈一个给了姐姐，一个给了弟弟，却没看到在爸爸伸手要拿鸡翅时，妈妈拍开了爸爸的手，把鸡翅递给了自己。

偏心的父母是不完美的，甚至是不称职的，但就算这不称职的父母，也永远爱子女多过于爱自己。

父母不是完美的父母，我们也不是完美的孩子。我们都在笨拙地摸索如何相处，如何相爱。既然如此，就更该学会理解和释怀。

三

孝敬父母，别等一切都来不及。

前世界首富比尔·盖茨在飞机上接受意大利《机会》杂志的记者采访。记者问他：“最不能等待的事情是什么？”

比尔·盖茨的回答有些出人意料，他说：“天下最不能等待的事情，是孝敬父母。”

这句话我在前几年就听过，当时年纪小，也没有特别大的触动，总想着，来日方长嘛。

但是最近发生的一件事情，让我不得不开始重新思考这句话。十一月初，我在朋友圈看到有人发布“水滴筹”，发现得病的居然是我大学同学的父亲。她父亲罹患肝癌，已经晚期。同学马上要硕士毕业，正在准备论文，突然接到这个消息，只能跟学校请假回国。刚上大学时我见过她父亲一面，印象中是一个风趣健壮的中年男人，谁也没想到，这才几年的工夫，就发生了这种事情。上周我去医院探病，她父亲正躺在床上输液，曾经160多斤的男人瘦得只剩皮包骨。在医院走廊聊天的时候，她说着话，突然蹲在地上哭了。她说，医生早上找她去谈话，说病情恶化得很严重，可能快没有治疗机会了，让她做好心理准备。

大学四年、读研三年，她在外面漂了七年，念叨过无数次“等毕业了就回老家，给父母好好尽尽孝”，但如今，就在她马上要毕业的时候，却不得不面对随时会失去父亲的情况。

树欲静而风不止，子欲养而亲不待。人生不会总是按照我们的希望去发展，更多的是令我们措手不及的事情。

刚开始工作那年，过年回家我妈突然拿出了二十几根针，让我帮她全都穿上线。她说有一天想缝衣服，突然发现自己眼睛花了，线怎么都穿不进去，所以就等着我回家一趟，帮她多穿几根。

也就是那天我才明白，原来父母老去的速度比我想象中的还要快。

所以，根本没有什么来日方长，陪伴父母、孝顺父母这件事，永远都不嫌太早。

别等来不及了，才悔不当初。

王小波在《致女儿书》中写道：“我不记得爱过自己的父母。小的时候是怕他们，大一点开始烦他们，再后来是针尖对麦芒，见面就吵；再后来是瞧不上他们，躲着他们，一方面觉得对他们有责任，应该对他们好一点，但就是做不出来、装都装不出来；再后来，一想起他们就心里难过。”

世界上最悲哀的事情莫过于失去了才懂得珍惜，趁着我们还年轻，父母还在，多关爱，多包容，别让今后的人生里充满遗憾。

我们都该对他们说一句：谢谢你们，愿意做我的父母。

父母最大的悲哀，是养不出感恩的孩子

张牧野

一

一个大一女生的困惑和“委屈”曾上了微博热搜，起因是她向母亲索要每月 4500 元生活费，遭到母亲拒绝。从女生的陈述中可以看出，高中的时候，她的母亲很是大方，6000 元的补课费毫不含糊。可等她上了大学，母亲突然变得“抠抠搜搜”，每月只给她 2000 元生活费，月底的时候，她只能去食堂吃饭。

女生将母亲给她支付的补课费理解为大方，没有想过，母亲这是为了她能取得更好的成绩，考上更好的大学。女孩抱怨月底不得不去食堂吃饭，学生去食堂吃饭不是很正常的一件事吗？何况，她一年学费和住宿费加起来差不多 3 万，已经算是很大的开销了。她还讲到，同宿舍的人都挺有钱，用的也都是好东西。可以看出来，她有很强烈的攀比心理，爱面子。女生数百字的简单陈述，充满了困惑、不解和委屈。

她没有理解过母亲的难处，也没有设身处地的考虑过赚钱的不易，只是在自己的过分要求没有得到满足时，表现出了种种的不快。

要知道，对于很多人来说，每月赚4500元钱都是很困难的一件事。我大学四年，父母每个月只给1000元钱生活费，几乎天天吃食堂，偶尔跟同学出去放纵一下。出去旅游的钱都是自己做兼职赚的，没有问父母要过一分钱。说起来，我还挺惭愧的，毕竟父母每个月都会给1000元钱生活费。而身边有不少同学，自从上大学后就不再问家里要钱了，自力更生，自己赚钱养活自己。

当然了，每个人家庭条件和成长环境是不一样的，不能这样横向比较。但我们每个人都应该怀揣感恩之心，体谅父母的不易，理解赚钱的辛苦。对父母来说，最大的悲哀不是养不出有成就的孩子，而是养不出感恩的孩子。

大家是否还记得，几年前“上海机场弑母案”的当事者——留学生汪佳晶。汪佳晶在日本留学5年，每年的学费和生活费加起来要四十多万，而她母亲每个月的工资不过7000块钱。为了满足儿子的花钱欲望，母亲节衣缩食、倾其所有，甚至去找人借。即便如此，汪佳晶也没有体谅过母亲的难处，花钱大手大脚，经常出入高档场所。后来，他再一次问母亲要钱时，母亲实在拿不出来了，只能说没钱。于是，母亲在机场接到汪佳晶时，就被他从行李箱拿出的短刀刺了整整9刀。母亲倒在血泊里，险些丧命。被捕之后，面对采访，汪佳晶竟轻描淡写地说：“我就是觉得母亲是在骗我，不是没有钱。我很气愤，就一下子爆发出来了……”

俞敏洪说，大把花着父母的钱，只懂自己的快乐，不懂父母的辛酸，不舍得为亲情付出一分一毫，那么你已经全无良知了。

类似的还有这样一则社会新闻：77 岁老人状告老赖儿子。老人已经 77 岁，体弱多病，丧失了劳动能力。老人膝下有 5 个子女，但没有一个人愿意赡养老人。迫不得已，老人将 5 个子女告上了法庭。法院判决每人每月给老人 200 元生活费。但即便是 200 元钱，儿子也觉得被起诉丢脸，拒不执行。老人只得申请法院强制执行。父母含辛茹苦将 5 个子女拉扯长大，晚年光景却落得这般凄凉，让人不免心底升腾起一阵凉意。父母对子女的付出，没有奢求过感恩和回报，但也不希望活成被子女遗忘的孤岛。

某个网络综艺节目中的出演者感恩送外卖的母亲，引发网友集体“泪奔”。他的母亲是个外卖员，起早贪黑、栉风沐雨、受人冷眼，12 岁的他看在眼里、疼在心里。他并没有因为母亲是外卖员自卑，反而站上表白台，大方介绍母亲的工作，大胆向母亲表白。

他很心疼地说：“我的妈妈，她辛辛苦苦地工作，却得不到他人的尊重。”即便如此，他并没有因此而怨恨这些人，而是选择用感恩来传达更多的善意。“我希望大家都能给像我妈妈一样的人多一些善意，因为当你打开门的那一瞬间，看见的也有可能是我爸爸捧在手里的‘小公主’。”他对母亲说：“你在这个社会起着非常重大的作用，很多人就是会需要有人来扮演这些角色，为他们服务，那个为人服务的人是你，我觉得你很伟大。”12岁的他，简直就是上帝派来的天使，理解母亲工作的艰辛，满怀对母亲的感恩。

二

爷爷奶奶还在世的时候，父亲每次去探望，都会买他们喜欢吃的水果，陪他们坐上很长时间。在爷爷奶奶面前，父亲从来没有粗声粗气地说过一句话。爷爷去世以后，父亲就去得更勤了。父亲一般会挑选一个天气好的日子，去给奶奶洗头洗脚，修剪指甲。去年9月，奶奶也去世了。过年的时候，家里来了朋友，父亲喝了点酒，然后想起奶奶，号啕大哭。那是我第一次看见父亲哭，却又无能为力。父亲经常说，感恩不是在表功，没必要告诉旁人，也没必要拿出来炫耀。因为面对的是自己的爹娘，是在表达自己的感激，只求问心无愧。父母养育了我们，我们没有能力的时候，从父母那里不断地汲取养料；等我们有了能力，不断地输出爱来反哺父母，这样做才是一个有良知的人。

我很认同父亲说的，感恩并不是一个需要拿到台面上明说的事。它往往是不动声色的，是向善感恩的心，自然而然焕发出来的光芒，是本能，是天然的活动。

父母一味付出、不讲原则，没有帮孩子树立正确的价值观，就是在害孩子。我大舅虽然很有钱，但每个暑假，大舅都会安排表哥去打工。有可能是去餐厅做服务员，也有可能是到工地搬砖。表哥打工赚来的钱怎么花，大舅从来都不会干涉。这么做的目的，是让表哥体会到赚钱的不容易。欲望是无底洞，越喂越大，越撑越大，到了最后，就会失控，彻底满足不了。什么都满足孩子，要什么就给什么，就是在渐渐喂大孩子的欲望。

曾轰动一时的“杨丽娟事件”就是负面典型，父母不懂克制女儿，导致了悲剧的发生。为了帮助女儿见到刘德华，这对父母先是花费 9000 元钱，给女儿报了香港旅游团。后来，又为了满足女儿的欲望，家里变卖房子，一家人挤在 400 元租来的房子里。即便如此，杨丽娟依然没有意识到自己的错误，她的父母也只是一味想方设法地满足她。于是，父亲卖肾筹措资金帮女儿赴港追星。直到最后，父亲跳海自杀。如果父母从一开始就果断拒绝女儿的无理要求，而不是想方设法地满足，最后也不至于酿成悲剧。

《特别狠心特别爱》里有这样一段话：中国父母给予孩子的爱，不是太少而是太多了，不忍心让他们从小体验生活的艰难，也不懂得在适当时机向他们索要，因此最终导致子女们一辈子艰难，一辈子朝他们索要！

对孩子的培养要有所为有所不为，一旦倾其所有地为了孩子付出，就会迷失方向。一味娇纵和溺爱孩子，无条件满足孩子的所有要求，这不是真正的爱。

三

父母和孩子的关系，就像是紫藤，彼此缠绕和影响。所谓父母种什么因，便得什么果。孩子人格品行的养成和父母息息相关。孩子人格败坏，是做父母最大的失职。

哲学家雅斯贝尔斯说："真正的教育，是用一棵树去摇动另一棵树，用一朵云去推动另一朵云，用一个灵魂去唤醒另一个灵魂。"

富有爱心的孩子，会感激父母，也会爱护别人，因此，也会被别人接纳。没有爱心的孩子，不会感激父母，更不会爱护别人，自然也会被别人疏离。一个家庭最值得炫耀的是，培养出了一个懂得感恩的孩子。希望每一对父母，含辛茹苦、尽职尽责以后，都能养育出一个值得"炫耀"的孩子。

今天吃的苦，铺就明天更好走的路

塞　柏

《战国策》有言：父母之爱子，则为之计深远。

战国时期，秦国大举进攻赵国，赵国不得已向齐国求救。齐国要赵太后的小儿子长安君到齐国为人质，才肯出兵，但赵太后溺爱长安君，不肯答应。于是左师触龙就劝她："长安君现在俸禄丰厚却没有功绩，那待您百年之后，他又该靠什么在赵国站住脚呢？"赵太后于是任凭长安君去做人质。

这个故事虽然过去两千多年了，但其中蕴含的道理却一直适用。父母疼爱子女，不应该只体现在一时的溺爱上，而是应该为其计划长远，让孩子在离开父母的庇护之后，依旧可以很好地生活。

作家屠格涅夫说："你想成为幸福的人吗？那么首先要学会吃苦。"

能吃苦的人，一切的不幸都可以忍受，天下没有走不出的困境。有远见的父母，即使再爱孩子，也会舍得让他吃苦。

一

之前有一条名为《世界再大，也大不过一盘番茄炒蛋》的短片“刷爆”朋友圈。初到美国的留学生，想要做番茄炒蛋招待同学。然而他既不知道怎么打鸡蛋，也不会切番茄，更不知道炒菜是先放鸡蛋还是番茄。于是他发语音向国内的妈妈求助，妈妈赶忙发了语音指导，但是男生还是不明白。没有办法，妈妈只好自己亲身示范一次，录成视频发给了儿子。在母亲详细的指导下，男生终于完成了这道最家常的中国美食，还得到了同学的称赞。

直到视频最后，在朋友的提示下，男生才意识到妈妈是凌晨4点钟起床给他示范了如何做番茄炒蛋。

很多人被视频感动，说哪有什么岁月静好，只不过是有人替你负重前行。但更多人看到的是男生的不独立，都是成年人了，遇到这么点小事，首先想到的竟然是“找妈妈”。

现在上小学的小朋友都知道，不懂的问题可以上网搜索，没必要非得让妈妈凌晨起床，亲自示范。有人心疼视频中的妈妈，为其泪眼蒙眬。不可否认，她的确有一片爱子之心，但是也不得不承认造成如今局面的也是母亲。孩子在身边的时候，没有教会孩子独立，等到孩子走远了，就不得不吃“不独立”的苦。

清华大学社科院院长彭凯平说，真正的教养不是在温室里栽培植物，而是帮孩子建立完整的人格，同时教会他们独自面对世界。

但父母往往爱子心切，常常说：“你只管学习就好了，其他的不用担心。”于是事事替孩子做，事事替孩子着想，这并不能说是错的，但父母能养孩子一辈子吗？

如果不能，不如放手，教会孩子独立，让他有能力、有勇气独自面对这个世界。这样即使有一天，孩子失去了父母作为自己强有力的后盾，也可以沿着原本的生活轨道，继续前行。

二

端午回程遇到一个老乡，聊了几句，得知他刚刚结束高考。问他感觉考得怎么样。他说，比去年好太多了。去年也是这个时候，他结束了高考，但分数只够去个职业技术学院。父母让他去复读，他不肯，反而跟着一帮同学去打工。本来心里也没多大期望，只想着能在 9 月份开学前，挣个学费。但没想到工资会那么少，他们每天辛苦做工，一个月才能挣 1000 元，虽然包食宿，但住宿环境很糟糕，宿舍里总是有一股若有若无的尿骚味。没几天，一起去的同学就有好几个灰溜溜地回家了，他当时想着争一口气，觉得自己还能坚持。

一个月后，本该发工资了，工厂却跟他们说，要压一个月再发。他瞬间崩溃了。这时父母再次说起让他复读，他就回去了。虽然复读并不容易，但再苦也没有当时打工苦。

他说："读书是苦，但是是有尊严的苦，打工的时候，常常觉得我不是一个人，而是一个干活的机器。"

复读这一年，他每天早上 5 点半就起床，晚上 12 点半睡，整整坚持了 10 个月，做完的试卷有一米高。年少轻狂，总觉得读书是这个世界上最苦的事情，慢慢走过那个年龄段很多人才意识到，读书是世上最好走的路。

前几天看北大、清华的招生宣传片，内心触动很深。如果时光能倒流，我也好想告诉当年那个觉得读书苦的自己：再努力一把，考个更好的学校，这真的不一样。

孩子无知，但父母是过来人。在孩子想偷懒的时候，逼他一把；在他想放弃的时候，鼓励他一下。总有一天，他会感谢今天为读书吃的苦。

三

在一档综艺节目中，周杰伦曾向谢霆锋大吐苦水：小时候妈妈是拿着藤条督促自己练琴的。起初，周杰伦跟母亲说自己喜欢画画，于是母亲给他报了美术班，但他坚持了一段时间就放弃了。改学钢琴后，母亲为了让他坚持下去，每次练琴时，就拿着藤条站在后面。要是他弹烦了，或偷偷看窗外玩耍的小伙伴，母亲手里的藤条就会狠狠地打下来。此外，母亲还给他请了一位非常专业和严厉的钢琴老师，只要弹错，钢琴老师也会拿藤条打他的手。

周杰伦说，当时觉得非常痛苦，甚至想放弃，现在想来，却非常感谢妈妈，是当初的严厉成就了今天的自己。他甚至专门写了一首歌《听妈妈的话》，来感谢母亲。

无独有偶，刘宪华也曾坦言自己“非常非常感谢父母”。小时候，刘宪华被父母逼着学小提琴，他也很抵触，但父母不允许他放弃。一直到他十一二岁，他都不喜欢拉小提琴。后来，他参加了第一个比赛，从那以后，就开始喜欢了。

本质上，每个人都是相似的，对于困难或者需要吃苦的事情，都会本能的抗拒和逃避，小孩子也不例外。但当他们走过那段痛苦的时光，收获新的技能之后，往往会感谢当时那个充满勇气出发的自己和严厉的父母。

《银魂》里说：在成功的路上，没有任何捷径和技巧，而唯一能够到达终点的秘诀就是——永不放弃，笔直向前！

为成长吃的苦，终会蜕变成蝶。

四

导演姜文曾花了整整一年时间，带着6岁和4岁的两个儿子到新疆阿克苏，接受军事化锻炼。阿克苏地区昼夜温差极大，清早6点半天气特别冷，姜文就叫孩子们起床，拖他们去跑步，跑不完不准回家。儿子们不喜欢喝羊奶，他也不惯着他们，除此之外，每天的饮食也按着当地的风俗习惯来。慢慢地，孩子们从刚开始的不习惯到逐渐适应，用姜文的话说，孩子从“豆芽菜”长成“红豆杉”了。等到妻子周韵前来探望，孩子们不仅皮肤粗糙了，脸上还多了两坨“高原红”。但显而易见的是，他们的自理能力提高了，会自己收拾房间，还能帮着打扫卫生。

姜文说：如今的小孩，最缺乏的不是营养品，而是苦头。

傅佩荣说：吃苦不是为了胜过别人，而是为了迎向生命的真实面貌，因为在苦难中，生命没有任何遮蔽，可以展示其深度、广度与高度。

吃过苦的孩子，懂得生活的不容易，明白一餐一饭皆来之不易。他们对于生活的印象，不再局限于课本中的“谁知盘中餐，粒粒皆辛苦”，而是基于切切实实的经历。吃过苦的孩子，更珍惜当下的生活。他们懂得感恩，更能体谅父母的不容易，也更加坚韧。遇到困难时，他们也要比同龄人更加坚强。

张爱玲说，因为懂得，所以慈悲。这句话对于孩子同样适用。教他们生活之苦，带他们体悟生活的酸甜苦辣，这样他们才能明白一切来之不易。

杨绛先生说：如要锻炼一个能做大事的人，必定要叫他吃苦受累，百不称心，才能养成坚忍的性格。

一个人经过不同类型的锻炼，就能获得不同类型的修养，不同程度的收益。好比香料，捣得愈碎，磨得愈细，香得愈浓烈。世上没有白吃的苦，今天吃的苦，都将铺成明天更好走、更顺畅的路。千万别在该吃苦的年纪，让孩子选择安逸，舍得让孩子吃苦，才能收获不一样的人生。

一个家庭“富”不起来的原因

张一条

一

山阴金先生曾说：“未有和气萃焉，而家不吉昌者。未有戾气结焉，而家不衰败者。”

一家人如果终日争吵、冷战、互相猜忌，只会让家庭成员感到厌倦和恐惧。一家人的心都聚不齐，又谈何家庭兴旺？唯有一家人相互理解包容，少一点指责抱怨，多一些温情体贴，家庭气氛和睦，生活才会蒸蒸日上。

一位旅人在逛集市的时候遇见了一位老人。他先是用一匹马换了一头母牛，然后用母牛换了一头羊，又用羊换了鹅，用鹅换了鸡，最后用鸡换了一袋烂苹果……旅人不解，上去询问老人。老人说，是他的老婆让他把家里的马牵到市场上换点东西。

听完之后，旅人哈哈大笑，说：“你回家，一定会挨老婆一顿痛骂！”

老人却很肯定地说：“不，我一定会得到她的赞美，还会得到一个吻。”

旅人不信，于是用一袋银子打赌，跟老人一起回了家。让他意外的是，听完老人的经历，老婆婆兴高采烈地说：“我一定要给你一个吻！你知道吗，你走之后，我去邻居家借一点香菜，但是他的媳妇是个吝啬的女人，我请求她借我一点，她却说‘我家菜园里什么都不长，连一个烂苹果都不结’。不过你看，现在，我可以借她一袋烂苹果！”

最后旅人依照承诺，给了老人一袋银子。

故事中的老人值得羡慕的地方，不是他得到了一笔横财，而是有一个始终包容体贴他的妻子与和睦的家庭氛围。

家庭和睦，再穷也能逐渐兴旺；但家庭不睦，只能让家在下坡路上越走越远。

二

一位美国心理学家写过这样一个故事：一个冬天的晚上，妈妈带着3岁的皮鲁去朋友家串门，朋友给了皮鲁一块糖果。但回到家后，皮鲁突然发现那块糖果不见了，于是着急地哭了起来。

爷爷奶奶、爸爸妈妈都来安慰他，并承诺第二天给他买最喜欢的玩具。但是，皮鲁没有被哄好，哭喊着：“我要它！我要它！我一定要它！”

家长们看得实在心疼，便全家出动，带上照明工具沿着回来的路进行“拉网式”搜索。眼看过了晚上十二点，糖果还是没有找到，妈妈看到在家哭天抢地的孩子，只能硬着头皮敲响了朋友家的门。后来，皮鲁长大了，他爱上一个女孩，但是那个女孩看不上他。愿望得不到满足的皮鲁陷入极端，先是割腕自杀，被抢救回来后又开始绝食。

父母哭着对他说：“你想把我们急死？不就是一个女孩吗？人生的路还长着呢，好女孩多得是！”

但是皮鲁恨恨地说：“我就想要她！要她！一定要她！”

从父母第一次满足皮鲁的无理要求开始，皮鲁就在家人们的溺爱之中越走越偏，直至丧失理性。

西方有一名言：“你知道运用什么方法，一定可以使你的孩子成为不幸的人吗？这个方法就是对他百依百顺。”

疼爱子女是父母的天性，但这疼爱一旦没了节制，变成溺爱，就会害了孩子。现实生活中，因为过分溺爱而使子女变得骄横跋扈、自私自利的案例数不胜数。“14 岁女孩当街连扇生父十余耳光，父亲没还手”“浙江温州一 17 岁学生因玩手机游戏被母亲打扰，当场暴打母亲”“5 岁女儿顽皮踢坏飞机，致美国亿万富豪全家坠亡”，还有杨丽娟、李天一等发生的令人或遗憾或气愤的事件。其中都不乏父母过分溺爱的因素。俗话说，惯子如杀子。一味溺爱孩子，只会让孩子缺乏道德和敬畏，害人害己，招来无穷祸患。

如果后代顽劣不堪，那么这个家庭必将走向衰败。

三

家风不正，必有灾殃。

古语有云："道德传家，十代以上，耕读传家次之，诗书传家又次之。富贵传家，不过三代。"

从古到今，家风都是决定一个家庭兴衰的根本。家风不正，长辈沾染恶习，不能以身作则给晚辈以良好的示范，就会造成"上梁不正下梁歪"的后果。

《红楼梦》中的贾家，曾经可谓荣极一时：祖先是开国功臣，爵位世袭，女儿入宫为妃，又与金陵城中其他的名门望族有着姻亲关系，声名显赫，权势滔天。可传到第三代，子孙辈便大多贪图享乐，不求上进，于金钱上挥霍无度，吃穿用度极其奢侈，"做个茄子都要倒拿十几只鸡来配它"；于德行上父子聚麀，兄弟阋墙，搞得荣宁二府乌烟瘴气，被柳湘莲批判为"连门口的石狮子都比你们干净些"。

这样的一个天下望族，由于家风不正，子孙皆不成器，便也由盛转衰，最终"忽喇喇似大厦倾"，说倒就倒了。

反之，家风正，父母的言行就会在潜移默化中影响下一代，从而形成一个良性循坏。

"唐宋八大家，苏门三学士。"苏洵、苏轼、苏辙，父子三人能成为北宋的著名文学家，与苏家良好的家风分不开。苏洵在做了父亲后，以身作则，勤读诗书。苏母则从小就教育苏轼和苏辙要孝慈仁爱，不贪外财。这使得苏轼兄弟在饱读诗书的同时，也养成了良好的做人品德，让优秀的家风得以代代相传。千百年来，眉山苏氏后裔秉承“读书正业，孝慈仁爱，非义不取，为政清廉”的家风，世代相传，宗族兴旺。

蔡元培在《中国人的修养》中提到：“家庭者，人生最初之学校也。一生之品性，所谓百变不离其中，大抵胚胎于家庭中。”

一个人的思想、学识、修养和行为习惯，跟他幼年时所受的教育和训导密切相关。家风正，才能让后代在儿时养成良好习惯，受益终生。家是一个人最宝贵的财富，想要家庭兴旺发达，需得每个人先从自身做起。改善氛围，整肃家风，言传身教，将良好的作风品德传给下一代，如此，才能成就一个兴旺幸福的家庭，让家成为爱与欢笑的殿堂。

做家务和不做家务的孩子

寒江雪

做家务对孩子的影响，远比你想象得要大。

上海市普陀区树德小学给学生们布置过一项特别的作业——做家务。孩子回家后，要学着帮忙摆放餐具、擦桌子、叠衣服、整理书桌……还要求家长评价。该小学校长梁青云在采访中称，设置这份“家务清单”是为了让孩子们更好地体验家庭的责任感。从小事做起，从小家做起，以后孩子才会在社会这个大家庭里承担更多的义务，或者承担起更多的责任。这份特别的“作业”被报道出来后，很多网友纷纷表示：建议全国推广。

一件不大的事能够引起广泛热议，且收获诸多好评，其中背后很大一部分原因是：现在的很多孩子，真的很缺少这种关于为人处事方面的教育。

有这样一组数据：美国小学生平均每天劳动时间为 1.2 小时，韩国 0.7 小时，而中国小学生平均每天的劳动时间只有 0.2 小时。意外吗？好像也不是很意外。仔细回想一下，我们从小到大被家长要求听话、好好学习……却很少被要求分担家务。

小时候听得更多的一句话是：你只要好好学习，其他什么事情都不用管。很多家长觉得，只要孩子学习好，能够考上一个好大学，就万事大吉了。

但结果呢？

那个因为“自理能力太差”被劝退的“天才少年”魏永康的故事应该还有不少人记得。2 岁就掌握了 1000 多个汉字，4 岁基本学完了初中阶段的课程，13 岁以高分考入湘潭大学物理系，17 岁大学毕业后考入了中科院高能物理研究所硕博连读研究生。这样一个天才，却在离开了母亲的照料之后，在大冬天穿着单衣、趿着拖鞋去天安门逛了一圈，周围的游客像看怪物一样盯着他。一个 20 岁的成年人的生活如此不能自理，这跟其母曾学梅的教育方式有着很大的关系。在魏永康的成长过程中，曾学梅不仅包揽了全部家务，甚至连饭都要亲自喂，只为了不打扰儿子看书。

在这种无微不至的“关爱”下成长的孩子，又要怎么学会独立生活呢？

高考时忘带身份证、准考证的考生，大学里把脏衣服寄回家里洗的学生，毕业后只能靠外卖解决吃饭问题的年轻人，四五十岁了还在啃老的“巨婴”……这些生活不能自理的人背后，往往都有一对从不舍得他们干家务的父母。不舍得孩子做家务，原本是出于爱，但这份爱却会在不知不觉中扼杀孩子发展自我能力的机会。父母如果不能照顾孩子的一辈子，就不要承担本属于孩子的那部分责任。

哈佛大学学者曾经做过一项持续了 20 多年的调查，得出一个惊人的结论：爱干家务的孩子和不爱干家务的孩子，成年之后的就业率为 15 ∶ 1，犯罪率是 1 ∶ 10。中国教育科学研究院对全国 2 万名家长和 2 万名小学生进行的家庭教育状态调查也表明，在孩子专门负责一两项家务活的家庭里，子女成绩优秀的比例为 86.92%；认为“只要学习好，做不做家务都行”的家庭中，子女成绩优秀的比例仅为 3.17%，足足相差了 27 倍。

从小衣来伸手，饭来张口的孩子，往往认为一切都是理所应当的。只有自己体验过个中辛苦，他们才会明白饭不会把自己做好端上桌，衣服不会把自己叠好放在床头，鞋也不会把自己刷得干干净净。亲身付出劳动，方知劳动的辛苦和不易，才会更加珍惜他人的劳动成果，从而学会尊重他人。

在做家务的过程中，孩子通过自己的双手完成很多事情，并收获家人的认同。这个过程会增强他们的成就感，让他们认同自己是有价值的，是被需要的。而这份自信，对他们今后的成长与交友，都起到至关重要的作用。

一段 3 岁小男孩为妈妈准备烛光晚餐的视频曾火遍全网络。

一个不丁点大的小男孩，推着比他还高的购物车在超市买菜，认认真真地研究食物的烹饪方法，踮着脚尖熟练地使用着微波炉和烤箱，细心地在花园中采了花摆在桌子上。而这一切只是为了给自己的妈妈做一顿烛光晚餐。

某综艺节目中，一位母亲在谈到为什么要孩子做家务时，给出了如下回答：一个孩子在做家务的过程中承担了家庭的责任，懂得了家人的辛苦，就会养成良好的家庭观念，学会更爱自己的家和家人。

让孩子学会分担家务，并不是把孩子当成童工，强制他承担所有的家务。而是要跟孩子一起，各自承担各自的部分，全家一起行动，这样孩子才会觉得承担家务是义务而不是负担。在孩子做家务的过程中，即使发现孩子洗碗、叠衣服的方法不对，也不要立刻打断，否则会分散孩子的注意力，打消孩子的积极性。同时，孩子做家务难免会出现“帮倒忙”的情况，家长要学会容忍一时的混乱，耐心教学，而不是单纯地斥责。

做家务跟学习一样，你不能要求小学生懂得微积分，也同样不能要求一个两岁的孩子下厨房切菜。2~3 岁，可以让孩子学会整理自己的东西，帮忙拿取一些东西；7~10 岁时，可以教孩子做一些简单的菜式，使用洗衣机等电器；13 岁以上，就该让他掌握洗衣、打扫等生活必备技能。

为人父母的必修课之一就是学会放手，放开手，孩子才会学着管理好自己的人生，别因为一时的溺爱和不忍而让孩子和自己都抱憾终生。

独立，自信，责任心，这些能够使人受益终生的巨大财富，都藏在做家务这件小事里。

真正爱孩子，就让他做点家务。

给孩子最好的爱，是成为他的榜样

小　喵

一个孩子能成长为什么样子，归根结底看父母是什么样子。

在邓丽君爆红的年代，有一位和她齐名的歌手，叫作陈美玲。当时的陈美玲长相甜美，歌声温柔动听，是被很多人喜欢的歌手。但是她却在事业巅峰时抛下一切去了美国读书。今年已经61岁的她再一次进入大众的视野，却是因为她的三个儿子。作为一个母亲，把三个儿子送进了美国排名第一的斯坦福大学，陈美玲面对镜头时满是骄傲。

陈美玲曾说过：家长的思想观念会影响孩子的整个人生。

常言道：父母是子女在生活中一切言行举止的最早启蒙老师。一个孩子能成长为什么样子，归根结底看父母是什么样子。

一

利益至上的年代，大多数人会觉得，教一个孩子如何成为一个成功的人更为重要。因此我们常会见到年薪百万、西装革履的成功人士，却从来没有给家里洗过一次碗。培养一个成材的孩子不仅需要孩子个人的天赋与努力，还需要好老师，以及包容的社会环境和自身努力相辅相成。但培养出一个有爱的孩子，却是只有父母才能做到的。

李安在多年前拍完父亲三部曲中的《喜宴》后，说过一段话："与父母的关系，能够彼此相爱就够了，不必要制造一个阶级观念。"

李安对自己孩子的教育理念是"只要他感受到我的爱，同时也爱我就够了"。

很多父母喜欢把自己的意愿强加到孩子身上，喜欢把"我这一辈子都是为了你"这种话常挂嘴边，这样的环境下成长出来的孩子，全身都是重压。父母应当去试着理解孩子看待世界的方式，以陪伴而不是说教来对待他们的行为。孙俪曾在微博上晒出一家四口用落叶堆"雪人"的照片，并配文字："等等，妹妹，妈妈的作品。"照片中邓超被落叶堆满全身，旁边孙俪和两个孩子正捧起落叶准备撒上去。

一家四口脸上都是笑容。

这幅画面，让很多网友都感受到了他们一家人充满爱的氛围，看似幼稚的玩乐里全都是爸爸妈妈对子女满满的爱。仔细翻孙俪的微博，我们总是能看到孩子向妈妈表达爱的场景。

孙俪曾说："我们对爱的理解，就是在一起，陪伴、倾听、互相尊重，我们都希望孩子将来是个有爱的孩子，那么首先让孩子感受到爱，让他们在爱的环境里成长。"

孩子之所以能够敞开心扉向妈妈表达爱意，其实就是因为他是在爸爸妈妈满满的爱里长大的小孩。他明白什么是爱，如何去爱。在爱里长大的孩子更懂得如何去爱人。父母之间各自独立，又能相互支持，共同陪伴孩子的成长，在这样的环境里成长的小孩，初入社会，无论是善意还是恶意，都能温柔化解。

二

很多孩子都很抗拒读书，是因为他们总是会把读书和考试等同，学校和社会施加给孩子的考试压力，就变成了孩子厌恶读书的根源。很多家长也认为，让孩子读书是学校应该负责的事情。但读书从来不是一件功利的事情，读书也不仅仅是为了获得好成绩。正如有人所说，“我始终相信我读过的所有书都不会白读，它总会在未来日子的某一个场合帮助我表现得更出色。读书是可以给人以力量的，它更能给人快乐”。

真正让孩子爱上读书的办法，在家长这里。

杨绛夫妇是出了名的博览群书，知识渊博的人，他们对于女儿的教育绝不刻意。杨绛曾在书里写道：“我们对女儿钱瑗，也从不训示。她见我和钟书嗜读，也猴儿学人，照模照样拿本书来读，居然渐渐入道。”

很多家长总是在努力把孩子送到更好的学校，挑最好的老师，却不知最好的老师其实是自己。没有什么比言传身教来得更深刻、更有效。

在这种环境下长大的钱瑗，聪慧过人，不但智商超群，情商也很高。她后来成为教授，开创英语“文体学”，成为教育界不可多得的人才。归根结底，杨绛夫妇的言传身教，使她一生爱读书，一生受益。

因此，如果想让孩子爱上读书，首先父母自己就得打心眼儿里喜欢读书、喜欢知识。

三

父母对孩子的爱，不能全是宽容，还要有理智，更得松紧有度。适当给孩子自由，但不可一味地放任他们自己成长。教育孩子不但要从心理上教育，还要从生活习惯上教育，要使他们的每一个行为都有章可循，学会忍受，学会克制。比如在睡觉这件事情上，到点休息的习惯必须要养成。如果孩子央求多看一会儿电视剧或是多打一会儿游戏，切不可纵容，明确拒绝，才能让孩子在心里有个玩乐的度。

再比如自理能力，太多家长习惯自己为孩子包揽一切。但其实不管学习有多忙，自己的事情自己做是应该的。小件的衣服可以自己手洗，卧室乱了可以自己收拾，这些事并不难做也不费时间，关键是家长要放手让孩子去做。

著名教育家陈鹤琴先生就曾提出：“凡是儿童自己能做的，应当让他自己做。”

育人先育己，教育孩子不单单是让孩子得到成长，对于家长来说何尝不是一种成长。培养孩子有良好的生活习惯是不可忽视的。

四

人的一生总是会遇到大大小小的挫折，这需要我们自己去面对。但有些挫折，作为成年人的我们尚且难以解决，更何况是孩子。其实对于孩子来说，能否解决困难是一方面，更为重要的是能不能面对挫折，不被挫折吓倒。曾经在张继科夺冠的新闻刷遍全网的时候，一位姑娘的纪录片也频繁出现在网友的视野中。

她叫福原爱，是一名日本的女乒乓球运动员。那部纪录片中，记录了福原爱从 4 岁到 28 岁的全部成长历程。纪录片中最令人深刻的一段是年仅 5 岁的福原爱哭着挥动乒乓球拍在球桌上努力训练。她明明就还是个孩子，但攥着拳头抹眼泪的时候眼里那不服输的劲却震慑人心。

镜头转向妈妈，她的妈妈在她失败时是如何做的呢？面对福原爱第一场比赛就打败二年级的小学生，妈妈毫不吝啬地夸奖她。而后来福原爱发球姿势不符合规则时，妈妈又尝试让孩子正视自己的错误，鼓励她找到方法解决。即使下一场球输了，但妈妈也没有责备，反而为福原爱加油，给她鼓励。在小福原爱哭得快喘不上气时，妈妈说："不要哭，就算输了也不要哭。"

后来的福原爱成为国际知名的乒乓球运动员，在各大赛事上所向披靡。虽然面对中国“大魔王”时还是会节节败退，但是她从不气馁，反而和中国的乒乓球冠军们相处甚佳。大家都很喜欢她。

望子成龙的父母有很多，能陪着孩子走出失败阴影，教她面对挫折的父母却并不多。当孩子遇到挫折时，请尽量鼓励她，让她从内心里接纳失败、心怀希望。所谓的“成龙成凤”，不过是孩子在耐心的关怀和爱中，勇敢面对挫折，明确了自己的价值罢了。

五

孩子能健健康康地成长，是每一位父母的心愿。可是近些年来，孩子的安全问题越来越被社会所关注。

根据世界卫生组织的工作小组估算，中国 18 岁以下青少年儿童有 26.6% 遭受过身体虐待，19.6% 遭受过精神虐待，8.7% 受过性虐待；每年中国都会有 20 万儿童失踪，被找回的概率只有 0.1%。孩子一旦丢了，99.9% 的概率就是永别。中国青少年研究中心曾针对 5864 名中小学生做过调查，结果显示：32.5% 的孩子在学校偶尔被欺负，6.1% 的孩子经常被欺负，总计 87% 的孩子曾遭受过其他同学不同程度的暴力行为。

帮助孩子确立自我保护意识和安全意识，迫在眉睫。如果家长发现一遍又一遍的提醒不会让孩子记住的话，可以试一试通过让孩子看动画片和读绘本来建立安全意识。现在很多视频网站都可以观看到关于儿童安全保护的动画片，书店里也可以买到帮助孩子学习自我保护的绘本和故事书。这样的方式既不会因为太过生硬让孩子排斥，又可以在潜移默化中培养孩子保护自己的心理。

叶芝曾说过："教育不是注满一桶水，而是点燃一把火。"

这把"火"从来都不是由老师或是学校来点燃，对于孩子来说，父母永远是第一老师。而对父母来说，家庭教育首先应当是自我教育。

愿所有家长都能明确作为父母的责任，不强求子女成龙成凤，但要以身作则，培养出健康正直的少年。

老母亲的心酸，只有你想象不到的地方

之　歌

一

女星陈嘉桦在自己当妈后的第三个母亲节，曾发布一篇长文。文中，她坦言，生孩子让她患上了子宫和膀胱脱垂，病情严重到打喷嚏、原地跳、跑步等都会导致尿失禁。而且漏尿漏得不是一点点，而是整个护垫和整条裤子都会湿透，严重影响了生活和情绪。这些问题困扰了她整整两年，无奈之下，只能通过手术的方式来修复。现在做完悬吊手术（在体内用“线”吊住子宫和膀胱）后，她的身体好多了，打喷嚏、跑跳都不会再漏尿了。原来那么健康活泼的女生，却在当妈之后尝尽了各种苦楚，很多网友表示又佩服又心疼。这段心酸的经历，也让很多妈妈产生了共鸣：“我刚生完的那一年和她的状况一样，然后养了两年才有明显好转。看着可爱的宝宝从不后悔生下他，可是再让我生一个的话，也是真的没有勇气了。”

常听到“女子本弱，为母则刚”这句话，总有人认为，女人当了妈妈之后，便是无坚不摧、无所不能的了。但有时候，他们根本想象不到一个母亲的心酸：生一个孩子，要付出“半条命”的代价。

前段时间，微博上一名网友发起了小范围的话题征集，邀请妈妈们来谈一下生育后遗症。

通过大家的分享，很多人惊愕地发现：看似自然的生育过程，很多妈妈却为此付出了可怕的身体代价。尿失禁、脏器感染、痔疮、乳腺炎、骨骼疼痛等，都是妈妈们产后的常见病。更要命的，是生产造成的耻骨分离、侧切刀口和顺产撕裂带来的难以忍受的疼痛。一些妈妈觉得这些疾病难以启齿，便没有选择治疗，自己偷偷咽下苦楚。

但有些伤痛难以治愈，很多问题终生折磨着妈妈们的身心。

马来西亚有一位生过4个宝宝的妈妈，虽然她看上去身材窈窕，容颜宛如少女，但当她掀开衣服露出肚皮，却令所有人心酸。她说：“现在看到自己的妊娠纹，还会落泪。就算洗澡也要快点洗，避免看着伤心……”

生完宝宝之后的伊能静也曾讲述做妈妈的不易：产女后睡眠不足，开始严重掉发。从她晒出的照片中可以看到，额角的头发明显减少了一块……怀孕真的不是一件“自然而然的小事”，每一个小生命几乎都是用母亲的“半条命”换来的。当看到胸部下垂、腹部爬满丑陋妊娠纹、无法自由跑跳的妈妈时，你要知道，妈妈不是超人，更不是英雄，她只是一个普通的女人，她也怕疼。

毕竟，20 年前，妈妈也是一个娇嫩的小姑娘。

二

有人说："生孩子是疼，但生完就解脱了……"

可是，当过妈的人都知道，孩子出生后，才是身为母亲最劳累的时候。之前，张歆艺曾在微博上晒过自己的"泵奶闹钟"。一天 24 个小时，永远为了泵奶待命，没睡过一个整觉。不论是白天还是黑夜，只要宝宝有动静必须立马上岗，把屎、把尿、喂奶、哄睡，几乎没有属于自己的时间。

汪峰也曾在综艺节目中透漏，章子怡在生下孩子之后说："这辈子最大的疼，不是生孩子，而是涨奶！"

仅仅这些问题，还并不足以使强大的妈妈们倒下，真正摧毁她们的，其实是精神和肉体上的双重折磨。

演员刘涛在《我们都要好好的》中崩溃大哭的片段戳痛了无数人的心。剧中，她扮演一位全职妈妈。结婚 7 年，老公事业有成，长期在外打拼不回家——"一年 365 天，300 天在各地的酒店和办公室，在家也是工作；上一次一起吃饭，还是大年三十……"而她只能待在家里，独自守着孩子，却不幸患上了抑郁症。后来，她万念俱灰，选择吞下一整瓶安眠药自杀。在此之前，她曾给老公打过无数次电话，但她的老公正在参加颁奖仪式，根本没空接听。后来，她的老公得知妻子自杀住院后，也没有及时赶去探望，而是转身继续投入了工作……

丢失自我，脱离社会，变成养育孩子的机器；不被理解，被丈夫嫌弃，甚至背叛，这些问题几乎是每个全职妈妈心里永远的痛。而对于职场妈妈们来说，日子又何尝是好过的？

白天扛着工作的压力，晚上回家又要照顾孩子，完全没有空余时间，也没有自我，双重的压力在身，几乎要将她们拖垮。

在《北上广不相信眼泪》中，很多人吐槽演员马伊琍胸部明显下垂，非常不雅。无奈之下，马伊琍发了长文解释。她刚生完二胎不久就投入了工作，每天在剧组挤奶，挤完还要背回家，来回奔波。还在哺乳期的她怕回奶，不能穿紧身胸罩和塑形内衣，所以才会导致胸部下垂、松垮，没有美感。像这样能够兼顾家庭和工作的妈妈已经十分强大了。有些妈妈在照顾孩子和工作这条“平衡木”上，根本无法成功找到平衡点，最终只能“坠下”。

河南省一名高中女教师带女儿自杀的新闻，曾经令无数人扼腕叹息。这位妈妈留下了一封绝笔信，信中写道：“走了，我终是个不善言辞的人，临走也不知该说些什么。工作压力大，无法忍受，生活也毫无乐趣，无法接受现在这个面目全非的自己，给亲人带来伤害真的很抱歉。我是自己走的，孩子是我带走的，我认为这是对她好，一切不再解释。我的所有财产、物品，一切都归爱人李国民处理。”

据家人说，这位妈妈刚休完产假不久，就被安排教授高三课程，常常抱着孩子备课到深夜10点，有时碰上学生考试，批卷子就要到三更半夜。工作压力、产后抑郁、生活无趣，无数的压力变成了大山，压得她喘不过气。最终她为自己找到了一条“出路”，但这条出路，却是一条死路。

每一个无所不能的“超人”妈妈，其实都在负重前行。她们看似强大，实则早已被生活折磨得精疲力竭、遍体鳞伤。其实，真正让妈妈们感到崩溃的，从来不是生产的疼痛、孩子的哭闹、做不完的家务和产后抑郁的折磨，而是来自另一半的轻视、不理解、嫌弃，甚至背叛。

在纪录片《看见产后抑郁》中，很多丈夫都表示无法理解妻子的痛苦。

> 你就是太矫情了！
>
> 觉得你就是小题大做！
>
> 只是生个孩子罢了，为什么别人就好好的？就你产后抑郁？

无数丈夫用这样的态度，把妻子推向了深渊。其实，作为一名妈妈，她们想要的并不多。在她们最难的时候，只要丈夫坚定地陪在身边；在她们最苦的时候，只要丈夫的一句理解，就已经足够！生孩子、养孩子从来不是一个人的任务，而是需要两个人共同完成。就像李安所说：“我做了人家的先生，不代表说我可以很自然地得到她的尊敬，男人想得到尊敬，必须靠尊重、珍惜妻子的付出赚来。”

每一个家庭的稳定，靠的都是夫妻间的相互扶持。所以，当一个妈妈哭泣的时候，请耐心地等她哭完，听她倾诉心中的不满，陪她说话。当一个妈妈需要帮助的时候，请主动帮忙，不管是照顾孩子还是洗碗、擦地，尽量减少她操劳的时间。

妈妈们其实很脆弱，需要耐心理解，用心呵护；妈妈们其实很坚强，她们独自咬牙吞下了生孩子的不易；妈妈们其实很伟大，因为当她们经历种种痛苦，付出一切之后，还是会说出“我从不后悔生下他（她）”！

《请回答 1988》中说：“上帝知道自己并非无所不能，所以才创造了妈妈。”

当妈不易，请一定要好好爱她！

Part 4

与爱的人·聊聊世界篇：

与爱的人紧握双手在一起，才叫生活

夫妻一场，切磋人生

之　歌

一

一对娱乐圈夫妻中的丈夫说：“我们在决定一件事时，有个前提是不争吵。”按照常理，夫妻观点肯定会有不一致的时候，也自然会有争执。他说，那就按照利弊的大小来做决定，如果实在分不清，也就直接这么定了。至于妻子哭或乐，他都不管，反正明天照常和之前一样。听起来，女方真的是有些受委屈了。夫妻一场，切磋人生，有分歧是难以避免的。这种“家长式”处理夫妻争执的方式，确实是吵不起来，可长此以往，所有问题会像滚雪球一样越滚越大，最后可能来个“大爆发”。年轻的时候我也曾以为：感情好的证明就是两个人从不吵架。但后来才知道，不吵架的感情，往往变淡得更快。

就像电影《一句顶一万句》中说的：恋爱时，他们有说不完的话；结婚后，他们有吵不完的架。忘记关灯、袜子随处乱丢、调味品盖子没拧上，说要洗衣服，却没有加洗衣粉……

一旦步入婚姻，琐碎生活里能吵架的事情真的太多了，就算两个人脾气再好，也难免会失控。夫妻吵架可谓再寻常不过。

心理学博士约翰·戈特曼曾在华尔顿大学创立“爱情实验室”，他研究了三十多年的婚姻关系发现：自称从不吵架的夫妻，通常在短期内对婚姻满意度比一般人高。可是3年之后，戈特曼再来研究这些自称不争执的夫妻却发现，这群人的婚姻满意度反而比那些把问题吵开的夫妻低。

自称不吵架的夫妻，长时间压抑对彼此的不满，等到爆发之后往往就不可挽回了。而吵架的夫妻，在日常争吵时便把自己的不满发泄出去了，从而维持了更长久的婚姻关系。

关于夫妻吵架，曾经看过一句话，印象深刻：爱情也许是不食人间烟火的童话，幸福却只能来自积极坦诚的撞击。

夫妻一场，切磋人生。

太过安静的家庭，要么是各自习惯了伪装，要么是心照不宣的冷暴力。

电影《无问西东》里，就有一对从来都吵不起来的夫妻。刘淑芬是一个本分的女人，她用自己在纺织厂做女工的钱供丈夫读大学，本以为这样深情和付出，一定能换来一个幸福的婚姻。谁知，丈夫毕业成为中学老师后，两人却渐行渐远。甚至完全没有了沟通，哪怕同住一个屋檐下，也视她如陌路人。没有言语，没有爱，没有性，没有任何情感的连接。这样的婚姻，让刘淑芬十分痛苦。她骂他，打他，虐待他，甚至暴力对待他的学生，他都无动于衷。最终，刘淑芬万念俱灰，崩溃自尽，跳入深井。她悲怆地说：“你让我觉得，我是这世上最糟糕的人。”

二

婚姻中，吵架有时候是一种必需品，它可以检验彼此涵养的底线，最先服软的人虽然看起来好像输了，却能让赢的人更加珍爱自己。吵架也可以测试对方的忍耐性有多大，能不能够承载生活里的各种突发事件。

最重要的是，吵架的热度，往往就是生活的温度。就像每一个完整的人，都有喜怒哀乐，都需要感受生活的起起伏伏。婚姻也是一样，吵吵闹闹，磕磕绊绊，柴米油盐的温暖也就在其中。

温格·朱利在《幸福婚姻法则》里写过一句话，“在这世界上，即使是最幸福的婚姻，一生中也会有200次离婚的念头，50次掐死对方的想法”。

林语堂先生说：“假定婚姻中的你们不吵架，一点人味都没有了，而如何吵则是一门艺术。”

吵架难以避免，但吵架不全是难堪，还有人能吵出幸福的滋味。

朋友跟我讲过一件他和女朋友的事。两人有一次因为吃什么菜吵了起来，不过是他买的菜女朋友没做，他觉得被忽视了。

吵着吵着他就直接躺在沙发上，饭也不吃了，一动不动，一句话也不说。

女朋友问：“你这是干什么？”

他答：“我死了！”

“那你怎么还有气？”

“我咽不下这口气！”

听到这句话，她噗哧一声笑了，然后说：“别啊，死之前还是吃口饱饭吧，把气咽下去吧。”一场争吵就这样烟消云散。这样的吵架，真真是生活的调味品，又气又好笑。

有人说，真正的爱，是吵完架摔门而出之后还能顺道买个菜回家做饭。这个描述引起很多人的共鸣。夫妻之间，细水长流的感情就是上一秒还吵得肺要“气炸”，下一秒也不忘关心对方。

三

关于争吵，心理学研究表明：生活中人与人之间的矛盾冲突，大部分问题都在“灰色区域”内。“灰色区域”，就是说我们的认识，大部分情况下没有绝对的黑与白，对与错。发生争吵的原因，本质上是每个人看问题的角度不同，得出了不同的结论。

夫妻争吵，千万不要总想着吵赢对方，应该看到，双方只是都需要理解和爱。

作者苏小城在《爱一个人才有架可吵》中说，吵架是爱人之间常发生的事，有的架很伤人，有的架却可以增进感情。

吵架是一门沟通艺术。

有些人，再如何愤怒，也不会用刻薄的话语伤害对方，而是就事论事，解决矛盾，于是当重归于好后，两个人的感情反而更进一步；而有些人却选择沉默，冷暴力应对，等到按捺不住终于爆发争吵时，又不顾后果地用言语中伤对方，这样的吵架方式，最伤感情。

只要把握好分寸，吵架是最直接的沟通方式，发泄一下情绪，避免以后同类事情发生，在每一次争吵碰撞中增进感情，这样的感情才会长久。

好的婚姻，不是一辈子不吵架，而是吵架了还能一辈子。

遇见容易，懂你太难

善　良

一

曾看到过这样一个问题：“遇到一个很懂你的人是什么感觉？”下面的一条回复给了我很大的触动：“就是这一辈子，无论你们在彼此生活里是什么角色，都会觉得很好。”是啊，遇到一个懂你的人，无论是在爱情里，抑或是在友情里，都是一件足以让人感到庆幸的事情。

罗宾·威廉斯曾说过：“世界上最可怕的事，不是孤独终老，而是跟使自己孤独的人终老。”

余生很长，由不得我们去草率决定。和不合适的人生活在一起，只会让我们变得更寂寞。好的感情就是和懂你的人一起，奋斗也会变得更有意义。因为懂你的人，无须解释，便能明白你的需求，理解你的处境与选择，并在适合的时候给予你力量。

一部前一段时间大火的电视剧中，令人印象最深刻的便是三位女主人公的友情和她们各自的爱情。

失意回到家乡小镇的王漫妮，遇到了条件很好的相亲对象张志。两人接触后张志对她印象很好，不仅为她安排了工作，甚至还准备组织两家人吃饭定下婚事。但两人相处中的种种细节却让王漫妮感到无法接受。张志精通人情世故，为了去熟人的电影院看电影特意带着漫妮跑了很远的路，期待的是对方之后能去他妈妈的餐馆吃饭还人情，而王漫妮则很不喜欢这种他所谓的“小镇生存法则”。面对张志几次三番的“逼婚”，王漫妮最终决定回上海，继续奋斗。张志不能理解王漫妮的选择，在他看来，上海机会虽多，但是很难稳定，注定要长期漂泊。张志想要过平凡而幸福的日子，而王漫妮向往的是大城市里的恣意拼搏和争取。

“两个不同路的人成了家，会比一个人更寂寞。”

张志看起来是合适的结婚对象，却始终不明白王漫妮真正需要的是什么。不懂你的人，无法理解你的渴望，甚至会质疑你；而懂你的人，明白你的所求，只会在你不够勇敢时拉你一把。王漫妮是幸运的，虽然没有合适的爱情，但她拥有着珍贵的友情，顾佳明白王漫妮不甘心于此，大结局时，她带着王漫妮、钟晓芹去了她的茶山，用茶树的例子激励姐妹们抛开束缚，勇敢去改变：“这茶树跟人一样，有的茶树需要轻修剪，可有的茶树啊，就需要深度修剪；这也舍不得，那也想留着，那只能提前进入衰老期喽。”

这些话激励了王漫妮、钟晓芹，也让她们重新燃起了对未来的信心。好的感情，是互相成就，无论是朋友还是爱人。懂你的人，无须解释，就能在关键时刻、在你需要的时候给你力量。

二

“女人是可以帮助女人的，这是一种来自女性的力量。”

好的关系，是我欣赏你的坚强，更明白你的软肋。懂你的人，真的可以给你依靠。亦舒的电影《流金岁月》中蒋南孙和朱锁锁两个角色的友情，感动了很多人。

蒋南孙与朱锁锁是中学同学，都是上海人，又都是独生女，从第一次见面起便成了无话不谈的好朋友。虽然长大后她们有了截然不同的人生轨迹，彼此却没有隔阂，相互扶持，始终如一。早早投入社会的锁锁，在红尘中起伏，险些被老板“潜规则”，被富二代爱上之后又被抛弃，在大都会做舞女受人议论诽谤。这些时候，南孙始终站在锁锁身边，给她理解和依靠。后来，南孙家里遭遇变故，锁锁又全力帮助她们一家，像当初南孙陪伴自己那样，不离不弃。

电影里，南孙说：“锁锁是那种难得的全天候朋友。我成功，她不妒忌；我萎靡，她不轻视，人生得一知己足矣。”

好的感情就是这样的，她理解你的不容易，所以当你成功时，她打心眼儿里为你感到高兴；她明白你的难过，当你遇到不如意时，她便成为你最坚强的后盾。

三

懂你的人，最能包容你。友情如是，爱情亦是。

有人在知乎上问过这样一个问题：“那些谈了很久恋爱却分手的，后来怎么样了？”

点赞最高的回答，讲的是黄宗泽和胡杏儿的故事。他们曾是公认的金童玉女，彼此深爱，但最后还是没能走下去，分手后，胡杏儿选择和李乘德登记结婚。胡杏儿在之后接受采访时，说过这样一句话：“我的前前任和前任都很棒，他们一个教我做温柔的女人，一个教我做成熟的大人，但我更爱我的现任，因为他教我做回小孩。”

好的感情里一定有无限的包容，他可以包容你的小任性，让你不必时时刻刻做一个滴水不漏的大人。

胡杏儿的工作性质决定了她的另一半也要承受媒体的关注。作为夜店投资人的李乘德，其工作有巡视夜店的需要。但在被媒体曝出新闻后，为了让胡杏儿不至于在媒体前感到难堪，他主动出让了夜店股份，为此还和合伙人闹得不欢而散。

结婚前，胡杏儿曾说过：“我想去看看这个世界。”

结婚后，李乘德放下手上的工作，陪她进行了长达 57 天的环球蜜月之旅，他说：“你想去看世界，我陪你。”

李乘德的微博里，全是他们日常生活的剪影，他将那些细小的瞬间记录下来，甜蜜而又幸福。

懂你的人，最希望你快乐。他会包容你的缺点，看到你的付出，所以你在他的心里就是完美的。成年人的感情，需要相互包容与体贴，才能幸福。

廖一梅说：“我们这辈子，遇见爱，遇见性都不稀罕，稀罕的是遇见懂你的人。因为相爱容易，但懂你太难。”

无论是爱情还是友情，遇见一个懂你的人，都很不容易。理解难得，更需要我们倍加珍惜。三观不同，不必强融，三观一致、步调一致的人才能互相激励，更好前行。比起觉得孤独而想要成家，我更希望你是因为遇见了合适的人想要和对方长久地生活在一起；比起孤单需要陪伴而想要交朋友，我更希望你是因为遇见了契合的人想要和对方分享生活的愉快。

余生，和懂你的人在一起。

格局缔造幸福婚姻

张牧野

一

看到过一位网友讲述自己的经历：她和丈夫出门，一起去坐公交车。上车后，发现车费涨价了，从原来的一块钱，涨到了两块钱。丈夫询问司机，司机说这是公交公司的调整，这条线路上的所有车辆都涨了。即便如此，丈夫还是跟司机争吵了起来，差点就打起来了。周围的乘客纷纷侧目，那一刻，她特别丢人。回家说起这件事，丈夫不但没有听从妻子的劝说，反而嫌她不懂事，两个人越吵越凶，几乎到了要离婚的地步。一个男人，作为家里的顶梁柱，应该想的是怎么努力赚钱，让家人过上好的生活，而不是斤斤计较一块钱，在街头跟别人吵架，回到家跟老婆吵架。

之前也有读者留言说，跟男朋友吵架，男朋友每次都是据理力争，从来都没有输过。即便她气哭了，男朋友也是无动于衷。女生跟男生吵架，在乎的从来不是输赢、对错，而是站在对面的这个男生，是不是真的包容和尊重自己，因为吵架的时候最能看出一个人的人品。男生非但没有选择大度，反而斤斤计较，非得分出个输赢、对错，自然而然，就变成了前男友。

俞敏洪说，斤斤计较的家庭，养不出胸怀博大的孩子。

两个斤斤计较的人在一起，不但自身互相较劲和伤害，也会影响下一代的成长。

电影《卧虎藏龙》中有这样一句台词：当你握紧双手，里面什么都没有。当你打开双手，世界都在你手中。

格局小的人，往往心胸狭隘、自以为是，不会谋大局，也不会识大体，这样的两个人怎么可能撑得起一个幸福的家庭呢？女人的格局，决定了家庭的温度；男人的格局，决定了家庭的高度。

二

一个人的格局，往往可以从他为什么事生气中看出来。为小事生气的人，格局往往不大。格局大的人，哪怕千斤压顶依旧看起来波澜不惊，小事如穿堂风一掠而过。生活中，总是会遇到这样的人，无论你跟他聊什么话题，他都是充满抱怨、满腹牢骚：工作不顺心、家庭不和睦、恋人不亲密、朋友不接近。在他眼里，仿佛别人都是在刻意针对他，从来都不会反思自己。

本来是一件很不起眼的事，对格局大的人来说，完全不会放在心上，但对格局小的人来说，就会耿耿于怀、念念不忘，总是抱怨、发牢骚。

有个女性朋友，婚后不到一年，就离婚了。我追问她原因，她说每天都过得不开心，丈夫阴晴不定，家里简直就是地狱，早离婚早解脱。她的前夫工作状况一直不是很好，工作好几年了，薪资没涨多少，更别说升职了。每天回到家他更多的都是抱怨老板没眼光，让他怀才不遇。朋友买了一件价格稍贵的衣服，她前夫突然大发雷霆，说她是在故意给他压力，嫌弃他没有赚钱的能力，哪怕这件衣服是她拿自己工资买的。她偶尔跟闺密聚餐，晚点回家，丈夫就疑神疑鬼，怀疑她有外遇，还偷翻她手机。两个人争吵越来越多，后来就发展成了零交流，到了无话可说的地步。

心理学上有个著名的“踢猫效应”：人的不满情绪和负能量，会沿着社会关系链条依次传递，像传染病一样扩散。当你一次两次听到对方诉说不满时，你会扮演一个倾听者，去安慰他。可当他总是诉说他的负能量，像祥林嫂一样喋喋不休，你就彻底烦了，不想再去安慰他，甚至不想再跟他有任何来往。如果和这样的人生活在一起，面对生活中的各种琐事，可想而知，他会有多少负面的情绪，他的负面情绪自然而然也会落在作为另一半的你的身上。

人生本来就很苦了，为什么不和“甜”的人在一起呢？

所以，请远离那些消耗你的人吧。

三

能力决定你能做多少事，但格局决定你能做多大的事。

格局大的人，不满足一时拥有的东西，懂得舍弃，明白自己真正想要的到底是什么，所以会心无旁骛地朝着目标前进。格局小的人，大都是井底之蛙，满足于头顶的那一方天空，根本不会想到，天空其实是无垠的。

格局就像上帝的一把剪刀，悄无声息地修剪着我们周围的一切。

心理学上有个词叫“隧道视野”，指的是一个人倘若身处隧道，只能看到前后狭窄的视野，看不到全部景观。一个人格局越大才能站得越高，望得越远。和有上进心的人在一起，他会影响你的人生观，使得两个人用同样奋斗的姿态前行。和没有上进心的人在一起，每天大概率是虚度光阴而已。婚姻生活中，脱离不了油盐酱醋，物质是必须的。格局大的人，一般都有上进心，愿意俯下身子埋头苦干，即便以后谈不上大富大贵，起码也能过上体面的生活。

人生的这段旅程里，父母终将老去，孩子终将长大，能一直陪伴你到老的人，只有婚姻中的另一半。既然这个人如此重要，更要谨慎选择。虽然每个人都有不同的择偶观，但尽量还是远离那些格局小的人吧。

找一个不跟你斤斤计较，可以容忍你小缺点的人；找一个和她在一起，快乐总是多于烦恼，想起她嘴角就会露出浅笑的人；找一个有上进心，可以相互陪伴、共同成长的人。婚姻中，无论是嫁给一个好老公，还是娶到一个好妻子，都至关重要。

希望你很好，好到每天清晨都微笑着醒来。

真心一人，知己两三，一生足矣

之　歌

一

看到一位单身妈妈讲，自己是为何离婚的。她和老公相亲认识，两人都有稳定的工作，家境也相当。她本想再了解一下对方，但家人却说条件过关就可以了，和谁结婚都没什么差别，催促他们快点领证。她本以为，老公名校毕业，看起来文质彬彬，在事业上小有成就，应该对老婆也不会太差。但结婚后才发现，老公根本是“甩手掌柜”，从不参与家中事务，下班回家只知道看电视、玩游戏。有了孩子之后，哄睡、喂奶等照顾孩子的事情也全部落在了她身上，而老公却从不把她的辛苦放在眼里，对她的态度还越来越随便。每当她抱怨老公不帮忙，老公总会推托：“我不是出去挣钱了吗？你还想要我怎么样！”

几年过去，她的耐心终于在一次出差回家后，看到满屋的脏衣服、厨房的脏碗盘、垃圾桶里堆成小山的垃圾后消磨殆尽。在意识到这段婚姻把她的老公变成了一个好吃懒做的巨婴，而自己成了一个充满怨气的保姆时，她决然地向老公提出了离婚。

她感慨道："当初以为结婚过日子，不要太挑拣，和谁过都是一样，如今看来，真的是选错了人。"

婚姻是一辈子的事，和错的人在一起，心田会慢慢荒芜，生活也将是一地鸡毛；和对的人在一起，仿佛心生力量，生活也会变得越来越美好。

有位心理学家曾经说过："亲密关系中最好的结果，就是让我们在关系里成长。"

这个道理，在歌手李健和妻子孟小蓓的婚姻中得到了最好的验证。孟小蓓对李健倾心，就是因为李健的才华。彼时孟小蓓经常找这位清华的"学霸哥哥"借参考书，请教数学题，一来二往，两人互生情愫。小蓓不仅追随李健考上了清华，还一直读到社会学博士。爱上一个优秀的人，就让自己也变得足够优秀，直到配得上他，这大概就是爱情里最美好的样子。大学毕业后的李健也经历了很多风浪，从一无所有到功成名就，孟小蓓一直都陪在他身边，不离不弃。也正是因为小蓓的默默守候，李健才得以守住自己的爱好，一直是那个温文尔雅的音乐才子。

曾几何时，一首《传奇》火遍大江南北。

"只是因为在人群中多看了你一眼，再也没能忘掉你容颜……"

这首歌在2010年春晚被王菲演唱后，一夜之间名声大噪，但属于他们夫妻的生活，却依然宁静甜美。孟小蓓喜欢在自己的微博里记录婚姻生活的点滴：我在小园浇水，昨晚出差回来的先生隔着纱窗说，“与你在一起的日子才叫时光，否则只是时钟无意义的游摆……”

风儿吹过来，小花草纷纷跳起舞。

和对的人在一起，共同度过艰难的岁月，分享生活中的甜蜜和美好，会让我们在人生中遇到更好的自己。

二

有句话说，“你的水平，就是你最常接触的5个人的平均值”，这话意思就是你身边的圈子是什么样，时间久了，你也会变成什么样。

传闻，有位司机在李嘉诚身边开了三十多年的车。他退休时，李嘉诚想给他200万元养老费，却被他委婉地拒绝了，理由是自己的资产已经不少，不太需要老板来接济了。

李嘉诚听了很吃惊，问：“你每月四五千的工资并不高，是如何存下很多钱的？”

司机回答说：“当我给你开车的时候，你打电话说哪个地方的地皮我也会关注一下，你说要买哪支股票，我也会买一点，到现在也有近千万的资产了……”

不论这个故事真实与否，它都告诉了我们一个实在的道理：一个人能走多远，要看他与谁同行；一个人能有多大的成就，要看他有谁指点。

科学家研究发现，人是唯一能接受暗示的动物。积极的暗示，能激发人的内在潜能，发挥人的超常水平，使人进取，催人奋进。也就是说，与智者同行，你会不同凡响；与高人为伍，你能登上巅峰。在这个世上，愿意和你一起享受的人很多，但愿意与你一起努力变得更好的人却很少。

一个网友说，他学生时代有个学霸级别的朋友，每次考试都几乎接近满分，以优异的成绩考上了名牌大学。可是不久，他就听说朋友被学校劝退了。原来，朋友到了大学之后，认识了一群热衷吃喝玩乐、整天熬夜打游戏的室友。在室友们的影响下，他也加入了玩乐的行列中，扔下了功课，迷上了游戏。天天逃课玩游戏，后果就是门门功课不及格。

其实，如果你在海边抓过螃蟹，你或许会知道这样一个道理：刚开始抓到一只时，一定要小心地把盛螃蟹的容器所有的出口都封严实，因为它一定会竭尽所能地爬上来逃走。等抓的多了，反而可以在上面留个出口，因为不论哪只想要爬上去，其他的都会伸出蟹爪把它拉下来。

人的一生，就像在登山。一路上我们会遇到许多人，有些人会在前面拉你一把，而有些人会在后面拽你的腿。与什么样的人同行，就会达到什么样的高度。

我们或许无法选择起点，但请你一定要认真选择同行的人！

我们来世上一遭，总会遇到一些喜欢的人和一些不喜欢的人。和喜欢的人在一起，就算默默不语，也不觉得无聊；就算时间再长，也不觉得无趣；心头再烦闷，也都会慢慢消解。但和不喜欢的人在一起，沉默时觉得尴尬；聊天时觉得话不投机；就算两人相对微笑，也总觉得不自在，如同带上了虚假的面具。

余生很短，何必活得那么拧巴！

有些人，和他相处得很累，就不要继续相处了。和舒服的人在一起，才是一个人最正确的选择。

周国平说："与人相处，如果你感到格外的轻松，在轻松中又感到真实的教益，我敢断定你一定遇到了你的同类。"

所谓舒服，其实就是三观相合，志趣相投，同时又能从中受益。与这样的爱人在一起，可以减少不必要的争执，生活恬淡温馨，你也会变得越来越温柔，越来越从容美丽；与这样的朋友在一起，不用去迁就讨好，也不需要担心谁受委屈，拥有了良师益友，你也能从中获得支撑与动力。

人这一辈子，和谁在一起，真的很重要。

愿我们都能擦亮双眼，找到对的人，挥别错的人，生活如拨云见日，处处光明。

两三知己好友，一知心爱人在侧，这一生，足矣！

一餐一饭，一生一世

大　猫

一

张小娴说：“找一个爱的人，就是找那个余生也会陪你吃饭的人，爱情怎么离得开肚子？又怎么脱离得了口腹肠胃？”

相爱的家庭总是伴随着热热闹闹的餐桌。最美好的婚后生活场景莫过于：你用心做好一桌饭菜，他小跑着进了厨房，把一个又一个盛满饭菜的盘子端到饭桌上；你为他盛汤，他为你夹一块肉。夫妻俩坐在一起，聊聊八卦、谈谈心，就算再普通的饭菜，吃起来也是美味暖心的。若是与之结婚的那个人，总是让你一个人孤零零地坐在桌前吃饭，他要么在电视前和电视剧一起吃饭，要么在电脑前和游戏一起吃饭，这样的日子怎么能过得幸福呢？

饭桌是谈心的最佳场所。世界上最遥远的距离，大概就是我和你坐在饭桌前，我在吃饭，你边玩手机边吃饭。

有人问英国一对最长寿的夫妻：“为什么结婚 70 多年了，

你们的感情却依然甜蜜如初？”

妻子的答案是：“每天都要好好吃一顿热饭，边吃边聊。”

餐桌，最能体现出一个家庭的温度。如果一个人愿意陪你在饭桌上消磨时光，陪你絮絮叨叨，那么这个人，也一定可以陪你温暖往后每一天的平凡时光。

有次在知乎上看到一位网友分享自己的经历，说自己和丈夫离婚，是因为一碗很辣的炒米粉。点进去看才知道，丈夫在外吃饭的时候总是要点很辣的口味，而这位网友从小就不是很能吃辣，吃多了就难受，可说了很多次丈夫都不在意，一起生活了好几年永远都是迁就他的口味。最后那一次她生病不舒服，丈夫提议让她别做饭了，点外卖吃就得了。本还因丈夫体谅心头一暖，可看到外卖饭盒里那红辣辣的米粉时，她觉得心里真是悲哀。这碗如何也咽不下去的辣炒米粉成了压垮他们婚姻的“最后一根稻草”。

婚姻生活说到底，可大可小，往大了说，是要两人一起过一辈子；往小了说，是要两个人把每一天过好。吃饭虽是件不起眼的小事，可却实实在在地穿插在生活的每一天里，在乎你的人，又怎么会不知你的喜好和忌口呢！

想起同事有一次提到，那天办公室有人过生日，订了很好吃的生日蛋糕，她就随口跟老公提了一句，说这家的蛋糕做得真不错。没想到她晚上回家的时候，就看到桌子上放着那家蛋糕店的小糕点，还是她最爱的草莓味。她说这种时刻挺多的，出去吃火锅时，老公会帮她调小料碗，里面都是她爱吃的，可她从来也没特意说过，是第一次一起吃火锅时，对方特意记下的。她闻不得香菜的味道，吃芒果会过敏，结婚后这些烦心事从没在生活中出现过，因为老公都细心记着。她的话听了让人不由得心里一暖，对方将她的喜好和忌口都记在了心里，还落实到了行动中。自打同事结婚，整个人越来越容光焕发，工作也是一天比一天积极，和单身时完全不一样。在爱里生活的人，浑身上下都洋溢着幸福。

嫁给一个记得你喜好和忌口的男人，将小事都放在心上的人，一定是个贴心温柔的人。

二

小时候，最喜欢一家人坐在一起吃饭，热腾腾的饭菜冒着气儿，爸爸妈妈在饭桌前聊今天的趣事，这是我和姐姐记忆中关于饭桌最温暖的画面。

长大后，姐姐嫁了人，也开始期待自己小家庭的饭桌日常。尽管姐夫因为工作任务紧张常常加班，每天回来很晚，但姐姐都会为他留一份热乎的饭菜。或许是工作上压力太大，姐夫每天回来都耷拉着脸。吃着饭，姐姐想陪他聊会儿天放松放松，可他尽顾着倒苦水了，要么埋怨公司的活多还累，要么抱怨地铁人多挤都挤不上去。日复一日，总是这样鸡毛蒜皮的怨事，每次下了饭桌大家都不怎么开心。渐渐地，姐姐就发现自己一点儿也不期待两人一起吃饭这件事了。没了饭桌前温暖互动的婚姻，变得冷冰冰的没有温度。

饭桌本该是家的幸福场景的见证地，没有什么比两个人开开心心地吃一顿饭更窝心的了。一个愿意陪你好好吃饭的人，不会把不开心的事带到饭桌上。饭菜暖人胃，别让言语凉了人心。

电影《大内密探零零发》里，周星驰扮演的零零发每次不管多落魄地回家，他的老婆永远会问一句："老公，你饿不饿，我煮碗面给你吃好不好？"

然后，两个人就又开开心心地笑起来。

婚姻中两个人的关系本该这样，让烦心事远离饭桌，伴着苦恼的饭菜，一定不好吃；不肯陪你好好吃饭的人，也一般没法陪你度过往后的风风雨雨。

最好的爱，是彼此的陪伴。每个结了婚的人都懂"我不能陪你吃饭了"这句话是多么令人伤心。一个成天在外花天酒地的男人，是不值得托付的。

看过一位网友的故事，她说她生了孩子后就辞去了工作，每天在家除了照顾孩子，就是变着花样为老公做点好吃的。可是常常是等啊等，等到的却是老公告诉她不回家吃饭了的电话。最初的几次，她倒是也觉得没什么，理解老公，可是次数多了，觉得心灰意冷，等着用心做好的饭菜变凉，然后自己一个人扒拉着吃完，吃不完的就倒掉了，既心酸又心塞。

虽说大家都是成年人了，一个人吃饭没什么，大可不必矫情。可结婚过日子，不就是一屋两人三餐地生活，等的不只是另一个人，也是情感的归属感。

曾有导演说过，黄磊是把“为家里人做饭”放在第一位的人，“他不去外地拍戏，就算在北京拍戏，他也不住进剧组，每天晚上都赶回家做饭”。翻开黄磊的微博，记录的几乎都是做饭的日常和孩子的生活点滴。他还曾在节目里说，“回到家陪老婆孩子吃饭，才是我向往的生活”。

山口百惠和三浦友和连续多年被评为日本“最理想的名人夫妻”。他们夫妻恩爱的秘诀就是无论怎么忙，都尽可能回家吃饭。三浦友和还说，“餐桌上无意间的对话，互相微笑和琐事累积起来，日后再回顾就会是一种幸福感”。

一个有担当的男人，必然是把家放在第一位的人，无论工作多忙，肯把那些无意义的社交推掉，回家陪家人吃饭的男人，才是值得托付终身的人。

电影《天下无双》里有这样一句台词：所谓情之所至，就是你中有我，我中有你。原来，一个人吃饭没有两个人吃饭开心。

或许爱情要轰轰烈烈才刻骨铭心，可一旦步入婚姻，将要面临的就是一些琐碎的小事情，一个愿意陪你好好吃饭的人，一定是愿意把这些小事都变成温暖细节的人。

愿大家都能找到那个陪自己好好吃饭的人，余生吃的每一顿饭都是幸福的味道。

不秒回微信的人，可能更爱你

山 风

一

我有一个关系很好的高中同学，职业是刑警，他在我们同学圈子里是有名的大忙人：每隔四天值一个 24 小时的班，早上 8 点一直到凌晨 4 点都不能睡。平时每天还要出警抓捕、写材料，一个案子直到上庭都不能掉以轻心。

他偶尔会跟我们吐槽：“忙啊，累啊，有时候一天到晚手机都看不上一眼。”

我们这些关系好的同学也都保持默契，不着急的事儿微信留言，着急的事儿直接打电话。他闲下来了会一一回复，电话如果没接到也会回拨过去。这么多年，我们谁也没觉得他不重视友谊，因为我们都知道，他不回微信是真的在忙。

成年人都有自己的工作，每天火急火燎、焦头烂额，没多少人有时间守着微信专门为了“秒回”消息。能做到有时间就回复，已经是一个忙碌的成年人最大的温柔了。

知乎上有这样一个问题：“秒回信息说明什么？”

高赞回答是：“说明刚好在看手机。”

很多人觉得信息回得快就是在乎，就是重视，殊不知这个人也许只是拿你打发时间。

学妹若涵就吃过这个亏。

她大二时认识了一个学长，每天微信聊得火热。这个学长可以说是“秒回界”的标杆，只要若涵找他，他必定一分钟之内回复。这让若涵觉得学长很在意自己，每天沉浸在甜蜜中无法自拔。直到有一天，若涵无意中跟同班同学聊起了这个学长，发现他也跟自己的同学每天闲聊，回复信息速度也很快。若涵这才知道，这位学长是“撩妹惯犯”，每天除了吃饭睡觉，就是找不同的女孩子聊天消遣时间。

秒回信息真的说明不了什么问题，也许只是这个人此时此刻刚好看到了就回了；也许是他的个人习惯，同时跟几个人聊着天，秒回你的同时也秒回所有人。

每个人都有各自与人相处的法则，一味地追求秒回是不现实的，也是不成熟的。与其重视回复速度，不如多体会一下对方是不是在与你真诚沟通。一句深思熟虑的真心话，远比一百个秒回的表情包要珍贵得多。

二

热恋中的情侣经常抱怨对方回复消息不够迅速，只要没有立即回复消息，就开始胡思乱想、暴走抓狂，然后“夺命连环call”。

这样的场景屡见不鲜。

《非诚勿扰》节目中，一位男嘉宾就提出了这样一个要求：希望女朋友可以秒回信息。他觉得女朋友不秒回信息，就是不在乎自己，没有把自己放在心上。其实很多人在亲密关系中都会产生不安，不确定对方是不是真的在乎自己，不知道自己有没有遭到背叛。于是，只能从“秒回”里来找寻一丝丝安全感。但这样获得的安全感只是暂时的，它不能从根本上消解彼此的不信任。

看过这样一条微博：“我噼里啪啦给你发二十几条消息，你一条都没回，也未必马上会看，但你不会产生丝毫的愧疚感。反之亦然，你给我发的消息，哪怕我一星期都没回，你也不会生气。聊天从来没有结束语，一方突然下线就是我们无数次对话的场景重现。这样聊天真的好舒服。”

关系亲近的人之间聊天，通常都是想起来就说，没话说就停，不会纠结于对方何时回复，也不会因此产生猜疑。因为你知道，对方看见了一定会回复；因为你相信，你们之间的感情不会因为不秒回就受到影响。

真正牢固的关系，靠的是日积月累的相处，是你知道我心里有你，我也明白你对我的重视。这种发自内心的信任感，完全不是一个简单的“秒回”所能替代的。当你对对方的“不秒回”产生不安时，不妨问问自己，这份不安的根源在哪里。只有从内心打消了这种不安，这份感情才不会仅仅停留在“要求秒回”这种表面阶段；只有对彼此有着深层次的信任，这段关系才能长久而稳固地走下去。

三

很多时候我们容易被甜言蜜语冲昏头脑，觉得信息发得勤、发得多，就是在乎，就是爱。可是，说再多的我爱你，都不如一个温暖坚实的臂膀；回再多的信息，都不如一顿亲手烹制的丰盛晚餐。

《新恋爱时代》中，郑海潮有这样一段台词：“如果一个人说喜欢你，请你等到他对你百般照顾时再相信；如果他答应带你去远方，等他订好机票再开心；如果他说要娶你，等他买好戒指跪在你面前再感动。感情不是说说而已，我们已经过了耳听爱情的年纪。”

真正的爱，不是说出来的，而是做出来的。与其在意对方何时回你信息，不如看看你需要对方时，她会不会奋不顾身来到你身边。杜江和霍思燕的感情一直令人艳羡，他们的幸福就体现在日常的陪伴中。霍思燕怀孕时，杜江每天早晚都给霍思燕擦防止长妊娠纹的油；霍思燕工作晚归，总能吃上杜江亲手做的饭菜；杜江更是在节目里对儿子说“妈妈是老大，只要妈妈发话，我半个小时之内就会到家”。杜江的爱意永远体现在他的行为里，这也是霍思燕对他极其信任的原因之一。

如果杜江只是每天嘴上说“你工作好辛苦，要好好照顾自己”“你每天这么累得多吃点”，那霍思燕一定不会嫁给他。

评价感情的好坏，比起在社交软件里说了什么，应该更注重在现实生活里做了什么。

“你要记住大雨中为你撑伞的人，黑暗中默默抱紧你的人，逗你笑的人，坐车来看望你的人，陪你哭过的人，总是以你为重的人。”隔着屏幕打几个字谁都做得到，但当你有需要时，能出现在你身边为你付出的人，才真正值得珍惜。

其实说到底，人们会对秒回如此在意，是因为我们将太多的期望寄托在了别人身上。所以当别人不能达到你的期望时，就会不满足，就会伤心难过。可安全感从来都不是别人给的，真正能给自己安全感的，永远是自己。

人只有在专注于自己时，才能理智、淡定地面对各种情感，也才能收获稳固的人际关系。真正良好的关系，是双方各自独立，又彼此相连。你有你的步调，我也有我的空间，分开时不捆绑，在一起时真心相待。

考验婚姻

张一条

易卜生说过："婚姻是人生的一大考验。"

而世上经受住了考验，能够白头偕老的婚姻，往往是接纳了"不完美"、与对方有话聊和相互成就的婚姻。

接纳"不完美"

知乎有个问题："为什么说'爱情像萨尔茨堡的盐树枝'？"

有人回答："在萨尔茨堡，树枝在盐矿层中掩埋两三个月后，再次拿出来，上面会缀满像钻石一样闪亮的盐结晶，完全认不出是粗糙的树枝了。"

爱情的魔力在于能让人看到美好的幻象，那位答主接着讲了自己的故事。她和男友相识相恋半年后，向父母提及结婚的愿望，说道，"没有比他更好的人了"。母亲却劝她，"孩子，再等一等，现在还不是结婚的时候"。她虽然不解，倒没放在心上，只是决定暂缓一段时间。然而相处越久，恋爱"滤镜"减弱，才发现两个人在三观喜好方面，并没有自以为的那样契合。

分手后，她无意间提起当初想结婚却被反对的事，谁知母亲说：“这世上哪有十全十美的人，你觉得完美，是因为了解还不够……”

心理学上有一种“晕轮效应”：一个人的某种品质，给人以非常好的印象，人们爱屋及乌，对其他方面也会有较高评价。喜欢一个人，通常始于对方某一方面的优点，经过光晕扩大，眼中所见也全是优点。但人无完人，结晶掩盖了瑕疵，婚姻也就埋下了隐患。因为与“完美”对应的，是更高的期待与要求，天长日久，失望与不满逐渐积累，不免生埋怨、多争吵。

常听到情侣说分手的原因是：“他不再是当初那个人了。”

或许，他从来就不是当初那个人。

有一年，美国 CNN 邀请一对夫妇参加节目，他们是 102 岁的丈夫兰迪斯和 101 岁的妻子格温。在离婚率不断攀升的时代，他俩创造了一项记录：婚姻维持了 78 年。在采访中，格温女士眨眨眼睛，笑着说：“在这个世界上，即使是最幸福的婚姻，一生中也会有 200 次离婚的念头和 50 次掐死对方的想法。”

幽默的话语却道出了婚姻的真相：美好的爱情掩盖下，其实是生活的一地鸡毛。爱情是风花雪月，婚姻却是柴米油盐，面对的是现实的复杂生活和人情世故，也更加考验感情和人性。因此，要接受、包容对方的不完美，可以有期待，却不必强求。世上没有不出故障的机器，也没有不争吵的婚姻，有的不过是眼里揉得下沙子，心里盛得下对方的人。

好的婚姻，是愿意为了彼此，努力成为更好的自己。

有话聊

同频才能共振，交流才能交心，夫妻之间也是如此。

宋代词人李清照在《〈金石录〉后序》中，记述了和丈夫赵明诚间的日常趣事。李清照博闻强识，丈夫也敏学多才，每次吃过饭，二人总要沏一壶香茶，指着堆在屋内的书籍，轮流说出某件事记在哪本书的哪一卷，第几页第几行，说中的人可以先饮茶。李清照答对的时候多，每次赢了便举杯大笑，笑得茶水都洒在身上，反而喝不成了。

《纳兰词》中“赌书消得泼茶香”，写的便是李赵伉俪。

这其间最珍贵的，是借由言语交流，培养、发展了夫妻共同的兴趣爱好，达到了精神上的琴瑟和鸣。“当时只道是寻常”，才显得格外恬静而美好。

“婚姻生活犹如长期的对话，当你迈进婚姻生活时，一定要先这样反问自己：和这个人白头偕老时，是否仍能谈笑风生？”

“每天除了简单交流，就无话可说。”

“一张嘴就是吵，还不如不说。”

当沉默成为日常，婚姻也走到了尽头。

有学生焦虑地向稻盛和夫请教：“由于我太投入工作，与妻子的关系产生了裂痕，现在家庭都要破裂了，该怎么办呢？”

稻盛和夫回答：“我每天不管回家多晚，都会告诉太太自己在公司做了什么。”

交流是一种分享：我把生活、工作的方方面面告与你知，不让你担惊受怕；我愿意倾听你所有的喜怒哀乐，烦恼与成就，让你知道我的在乎。如果一对夫妻，哪怕无关紧要的话，也会一方不厌其烦地说，另一方乐此不疲地听，那他们必然是幸福的。因为交流会抚平不安、消除疏离。有人说，婚姻是一本书，第一章写的是诗篇，其余则是平淡的散文。一个和你说起话来没完没了的人，会使你感到被需要，产生幸福感，而幸福感，是对抗平淡流年的秘钥。

相互成就

婚姻需要的不仅是日常陪伴，也是携手共进、一起成长。感情中“志同道合”之所以重要，在于能力、目标方面一致的重要性。如果一个人想扬帆远航，一个人只是想随波逐流，怎么会长久呢?

电视剧《第二次也很美》里，“90后”女孩安安也算名牌大学毕业的高材生，毕业后直接结婚生子，当了六年的家庭主妇。可她每天在家就是打游戏，孩子都由保姆带，丈夫成了她与外界唯一的联系。这种依赖让她丧失了独立性，成了毫无竞争力的“社会小白”。当初欣赏和深爱她的丈夫，渐渐对她失望，最后决然离开。一时间，她不仅失去经济来源，求职路也困难重重。正如亦舒所说：两个人在一起，进步快的那一人总是会甩掉原地踏步的那个人。当你把身家性命都托付给爱情，甘愿当一株寄生草，就要考虑能否承受被抛弃的潜在结局。

婚姻中，当夫妻在工作、个人成长等多方面不同步时，就容易产生隔阂，随着差距扩大，曾经不明显的矛盾也会渐渐显现。这时候，成长得慢的人要懂得调整步调，成长得快的人需要及时拉最亲近的人一把。

一部《围城》令钱锺书家喻户晓，其实，早在此前杨绛便凭话剧《称心如意》声名鹊起。

那时，钱锺书告诉她："我想写一部长篇小说，你支持吗？"

杨绛欣然应允。

她不仅暂缓自己的创作，还为了节省开支辞退女佣，包揽了所有家务。4 年后，《围城》问世，序言中钱锺书说："由于杨绛女士不断地督促，替我挡了许多事，得以锱铢积累地写完。这本书该献给她。"

杨绛曾说：男女结合最最重要的是感情，其次是双方互相理解的程度。理解深才能互相欣赏、吸引、支持和鼓励，两情相悦。

她理解丈夫的失落，也欣赏他的才华，更愿意为了他放慢脚步，互相包容、彼此支撑。

如此，才成就了世人眼中的美满婚姻。

听过这样一句话：好的婚姻不是 1+1=2，而是 0.5+0.5=1。

是两个人分别敛去一些个性和缺点，也不要求对方处处完美。在磨合中培养耐心，在交流中加深理解，相互扶持、彼此尊重，多一些包容与陪伴，学会换位思考和同理心，遭遇困难时也不忘幽默感。往后余生，愿你遇到那个“执子之手，与子偕老”的人，你与他分担世事的无常，她陪你抵抗岁月的风雨，共同经营一段幸福的婚姻。

睡时身边有你，醒来觉得甚是爱你

张一条

一

曾在网上看到过这样一个问题："结婚后，你和自己的另一半是怎样睡觉的？"

一个刚刚结婚的年轻女孩在下面甜蜜地回答："我们总会等着彼此一起睡觉，并且相拥入眠，就算天气热，我也要抱着他的一条胳膊，这样睡觉很有安全感……"

而另一位结婚已经二十多年的女人则在下面失落地抱怨："我家的床上现在有两床被子，我们各自睡在一边，睡觉之前都在背对着背玩手机，他打游戏，我刷微博，感觉我们之间的爱越来越淡……"

关于睡觉与婚姻的关系，英国赫特福德大学还曾做过一项研究，结果显示，评估夫妻的共眠方式，是评估婚姻关系好坏的最佳方法。在相依而眠的夫妻中，对自己婚姻生活感到很满意的人数比例高达94%；而在睡觉时距离较远的夫妻中，对婚姻生活感到满意的人数只占68%。

在综艺节目《妻子的浪漫旅行》中，郭晓冬、程莉莎这对恩爱夫妻之间的小互动常常让观众觉得“甜到掉牙”。几位妻子一起聊天时，程莉莎讲到，之前郭晓冬出去拍电影，留她一个人在家的时候，她就会睡不着。她还说，两个人一起睡觉的时候，她习惯枕着郭晓冬的手臂，然后转过身来，就像被搂着一样。习惯了这种亲密之后，一旦晚上睡觉时郭晓冬不在，她就会因为缺乏安全感而睡不好。这时，在演播间里的郭晓冬正好也被问到“妻子独自去旅行，你最担心什么”的问题，他脱口而出：“睡眠问题！”紧接着，他解释道：“我们俩这么多年，在一起睡得特别好，一分开就睡得不好，两个人都是。”

在和朋友们聊到郭晓冬依赖自己的方式时，程莉莎还甜蜜地笑着说：“他喜欢我抱着他睡，如果我们吵架了，我就不抱着他，他绝对睡不着。”

爱是什么？

杜拉斯说：“爱是一蔬一饭，是肌肤之亲。”

一个人的睡觉是休息，两个人的睡眠才有甜梦。

真正爱你的人，永远不会无所谓地丢给你一句“你先睡吧”，或是只给你一个冷漠的后背。在一段好的婚姻中，一定是：没有你，我不想独自睡去；你不在，我更是辗转难眠。

二

文学大师林语堂和妻子廖翠凤的幸福婚姻，一直为众多人津津乐道。但他们的相处模式也有充满争议的地方，除了为避免离婚而“撕结婚证”之外，争议最大的，就是他们夫妻“分床而眠”的做法了。但其实，他们的“分床”是有特殊原由的：廖翠凤是一位基督教徒，每日吃饭睡觉都有固定的时间，而林语堂醉心文学，每次读书写字都要熬到半夜，且爱烟爱到上了床还要抽。为了照顾妻子的作息，不让烟味熏到妻子，才不得已选择了分房。

林语堂和妻子的分房是为了爱而让步，但这种做法其实并不适用于所有的婚姻。千万别小看了这只有几尺宽的睡床，小小一张床，其实就是维持婚姻最重要的纽带。有时候，一对夫妻分的不仅仅是“床”，还是“感情”和“心”。

在论坛中看到过一位二胎妈妈的自述：在生完宝宝之后，老公因为嫌孩子半夜哭闹没法好好睡觉，第二天脑袋昏沉沉地没办法集中于工作，向她提出要分床睡。

她心里想着，反正是自己照顾孩子，老公也帮不上什么忙，就同意了。结果时间长了，她发现老公变得越来越不爱插手孩子的事情，下班回家就窝在沙发上看电视、打游戏，让他帮忙倒杯水或是拿纸尿裤，他都有些不耐烦，所有琐碎的工作都落在了自己的身上。一次她埋怨老公不帮忙，谁知老公却一脸无辜地说："我要上班赚钱啊，不上班喝西北风去啊。上班累了一天回家总得休息吧？"

把她气得说不出话来。

日子久了，夫妻二人回家就各忙各的，到了晚上也各睡各的，交流越来越少。一次她半夜起床喝水，偶然看到丈夫还在玩手机，好奇地凑过去看，却看到了丈夫和另外一个女人的聊天窗口……

一段婚姻就这样结束了。

分床而眠的夫妻，明明是在同一个家中，却比一个人的时候还要孤独。明明应该是最亲密的两个人，却除了一张结婚证，再没有其他的情谊。成年人的世界，几乎每天都充斥着繁重的工作、过强的压力，一对夫妻的交流时间本来已经被压榨得所剩无几，几乎只有关灯睡觉前的一小段时光才真正属于两个人。

如果连这段时间都不珍惜，那么夫妻之间，就将失去最后温存与分享的机会。

"百年修得同船渡，千年修得共枕眠。"

人生漫漫，世事多变，能够找到一个可以共眠的人，何其艰难。如果能够从"两情相悦"走到"执子之手，与子偕老"，那一定就是人一生中最大的幸运。

在温州市蛇类研究所的病房里，曾发生过一个动人的故事，故事的主人公是来自乐清市双峰乡的两位耄耋老人。84岁的陈秋芽在田间劳作时，被五步蛇咬伤住进了医院，这可急坏了

92 岁的老伴。两人结婚 60 年来相濡以沫，一直没有分开过，如今陈秋芽躺在远在温州的病床上，两人被迫分离。只身在乐清的老伴心急如焚，日夜思念，茶饭不思，觉也睡不好。研究所所长闻此，专门在陈秋芽病床旁添置了一张床，并通知家属把她的老伴接了过来。两位老人一见面，双双热泪盈眶，老爷爷紧紧握住了老奶奶的手，张口道：“宝贝，我找你找得太辛苦了！”

俗话说，老来常健忘，唯不忘相思。爱情最美好的样子，不过是从睡床前到病床前不离不弃的陪伴，沧海桑田，唯爱不变。

古人说：“愿得一人心，白首不相离。”

余生不长，愿我们都能好好珍惜自己枕边的良人。睡觉之前，放下手机，多看看对方的脸；收起工作中累积的坏脾气，多和对方聊聊天；不要冷漠，多亲亲对方，抱抱对方。

最好的婚姻，不过是睡前身边有你，睡时会梦见你，醒来觉得甚是爱你。

伴侣其实命中注定

张一条

一

你处在什么位置，就会遇到什么样的人。美国商业哲学家提出过一个“密友五次元理论”，意思是一个人的财富和智慧，就是与他交往最亲密的五个朋友的平均值。

换句话说，物以类聚，人以群分。

你是什么样的人，就会进入什么样的圈子。而进入什么样的圈子，也决定了你会接触到什么样的人。

这个理论在爱情上，同样适用。

2016年，电视剧《欢乐颂》热播，剧中5位女主角的友情令人动容，但她们遇到的爱情也同样值得深思。安迪，名校海归，上市公司CFO。作为5个女孩中实力最过硬的人，她身边接触到的，是谭宗明、奇点、包奕凡之类的大鳄企业家和社会精英。而曲筱绡，虽然家里有钱，但一开始不学无术，文化与能力并不拔尖。所以她身边围绕着的，大多都是喜好吃喝玩乐的富二代。樊胜美，自身能力强，却一直被原生家庭拖累。她身边最靠谱的追求者，是暗恋她十几年的创业公司老板。而她一心想结交的那些有钱男人，只是把她当作取乐的对象。关雎尔，家境优渥，自己是五百强企业的员工，温柔有教养又善解人意。她遇到的男人，是工作稳定、性格踏实的师兄和帅气上进的公务员、刑警。五个人中相对来说最平凡的邱莹莹，工作能力一般，文化程度一般，家庭条件一般，还没什么头脑。所以她遇到的，是一边想当金龟婿，一边欺骗小女生，分手了还要分手费的渣男。

她们身边的追求者，其实也是自身条件的映射。

王子和灰姑娘，千金小姐和穷书生的故事虽然美好，但只存在于童话和小说里。

现实中，自己处在什么位置，大概就会遇到什么样的人。与其抱怨自己遇人不淑，身边的人为什么水平都这么低，不如自己努力向上走走，跟这些人说再见。处在阴沟里，如果想要摘一颗星星，那就要努力向高处走。就算最后还是摘不到那颗星星，起码已经远离阴沟里的污水和烂泥。

你的性格，决定你会吸引什么样的人。很多时候，感情产生的前提是相互吸引。一句话，一个举动，都可能成为自身的闪光点，从而吸引别人的注意力。自身性格不同，外在表现就不同，吸引而来的人，自然也不尽相同。

说起娱乐圈中的恩爱夫妻，陈小春和应采儿必定榜上有名。

因为曾出演《古惑仔》和《鹿鼎记》的关系，陈小春给大家的印象一直是潇洒不羁的“痞帅”形象。但私下里的陈小春却有些内向，话很少，笑也不多，因此他从小就喜欢爱笑的女孩。有一次，陈小春在采访中被问到应采儿打动自己的地方，他说：“遇见她后，她很多时候都在笑，我就觉得蛮甜的。”

就这样，“痞帅”陈小春被这个性格开朗直爽、爱说爱笑的女孩一步步吸引，两人最终喜结连理。结婚十年，日子仍然过得热热闹闹、有声有色，可以说是羡煞旁人。

吸引力这种事情，说是玄学，但其实也是命中注定。你开朗，吸引来的，就是希望另一半活泼的人；你内向，吸引来的，则是希望另一半安静的人。你是什么性格，就会吸引什么样的人。而两情相悦，无非就是在你吸引他的同时，他也吸引着你。两个人在一起，性格相近也好，互补也好，只要双方能够互相欣赏，在一起能够合得来，日子就能过得有声有色。

她在闹，你在笑，或是两个人只是静静对坐，各看一本书，都是很美好的相处方式。

二

你的三观，决定你会跟什么样的人在一起。大学时，学校里有一对情侣，男生帅女生美，两个人学习成绩都很优异不说，还都是学生会的骨干。他们在学生社团相识，因为相同的爱好很快走到了一起。但这对旁人眼中的神仙眷侣，只相处了一年多就分开了，原因就是“三观不合”。在交往之初，女生提议约会的花销“AA制”，男生则觉得这伤了自己的面子，坚持不让女生花一分钱。男生生性节俭，认为每一分钱都应该攒起来花到刀刃上；但女生爱吃、爱玩，喜欢四处旅游，享受生活。所以两个人只要一约会，就必有矛盾。

冲突爆发的导火索是因为两本书。女生花300块钱买了两本一直很喜欢的书，用的是她自己的钱，男生见了却指责她败家，说这些东西网上都有电子版而且是免费的，为什么要花那么多钱。两人大吵一架，从此分道扬镳。一开始，周围的同学还劝和，说这不过是小事，多磨合就好了。但两个人都说，磨合的前提是能够互相理解。他们两个之间，男生不理解女生的“大手大脚”，女生不理解男生的“精打细算”，凑在一起彼此都不舒服，不如各自找能合得来的人交往。

有的时候，感情的事没有谁对谁错，只有三观合不合。你说大海很漂亮，他却说淹死过那么多人的地方没什么好的。谁说错了？谁都没错。但这样的两个人生活在一起，必定会难受，浑身不自在。纵使举案齐眉，到底意难平。

爱情只需要一瞬间的心动，但婚姻却需要两个人的朝夕相伴。婚姻生活有几万个日日夜夜，家长里短，柴米油盐，很多事情都需要两个人商量着解决。如果三观不合，件件事情都有分歧，那么日子只能过成一地鸡毛，想想就可怕。这也就是为什么，很多人在谈恋爱时把“颜值”与性格放在首位。但谈及婚嫁时，摆在第一位的，却是三观一致。

你认为人生就该拼搏，那么跟奋进向上的人在一起，每天就会有双倍的动力；你认为活得安逸最重要，那么跟闲适的人在一起，才能一起发掘平淡中的快乐。跟三观相合的人在一起，两个人才会互相促进，而不是互相消耗。

有这样一个故事：一个年轻人在店里买碗，他每看上一只，就拿起与自己带的碗碰一下，然后摇摇头，放下。重复多次之后，年轻人失望地准备离开。

店家问他："小伙子，你对这些碗是哪里不满意呢？"

小伙子说，这是他奶奶教给他的挑碗技巧。两碗相碰，如果声音悦耳清脆，那就是好碗。可他刚刚试的那些，声音都很浑浊，可见碗的品质一般。店家听完微微一笑，递给他另一只碗，让他再试一下。年轻人照做后，发现每一只试过的碗，发出的都是清脆的声响。他很惊奇，问老板这是怎么回事。

老板说："很简单，因为你自己的那只碗是次品，你拿它去试，怎么能发出悦耳的声音呢？想要找到好碗，首先你手中的那只，要是个上品。"

挑碗是这样，选择结婚对象也是这样。要想遇见好的人，首先要成为一个好的自己。当自己足够优秀时，无须迁就与讨好，自然会吸引到同等优秀的人。

你若盛开，蝴蝶自来；你若精彩，天自安排。

爱得太满，注定是一场灾难

之　歌

很多关系，不是越用力越好

看到过这样一个故事：一所学校里，女生甲和女生乙是一对关系很要好的朋友。每天中午，两个女生都会相约一起吃午饭。女生甲每天都会带鸡蛋，因为和女生乙关系好，也会多带一个鸡蛋给女生乙。一学期过去，两人的感情一直很好，这样的赠与也变得理所当然。但有一天，女生甲家里只剩下一个鸡蛋了，于是她就只带了一个，没有给女生乙带。女生甲本以为朋友会体谅自己，没想到女生乙却发脾气，认为她应该把鸡蛋留给自己。女生甲也觉得气不打一处来，自己给女生乙带了这么久的鸡蛋，对她那么好，她竟然不知感激，还反过来怪自己。女生甲心灰意冷，两人从此绝交。

用心维持的友谊，竟然如此脆弱。长年累月积攒下来的情分，没想到因为一点小小的摩擦，就这样消耗殆尽。

一段关系，不是用力越大，就会越长久。有时候，付出和回报并不完全对等。友谊是如此，爱情更是如此。

电影《十二夜》中，张柏芝饰演的女主角珍妮和陈奕迅饰演的男主角阿澜大吵了一架，原因就是阿澜觉得珍妮管得太多，她的爱让他感到压抑。电影里，珍妮抱怨："为何你永远都不懂我替你做的事？"

阿澜却反驳道："我没叫你做那么多事，你为什么总要为我做那么多事？"

遇到爱情后，很多人喜欢全身心地扑在上面，整天都围着恋人转，如果恋人是一棵树，自己就是缠绕着他的藤蔓。殊不知，一味地付出反而会让对方觉得喘不过气，想赶快逃离。

有句话说得好："喝酒，不要超过六分醉；吃饭，不要超过七分饱；爱一个人，不要超过八分满。"

许多感情走着走着就散了，并不是因为时间、距离，而是因为用力过猛，爱得太深。

月盈则亏，水满则溢。

想要维持一段感情的长久，需要保持一定的距离，和一定的热情。太过在意，会劳心费神；太过偏爱，会失去自我；太过亲近，则会失了分寸。

期待越多，越容易伤心

心理学研究表明，喜欢一个人时，人们会不断地付出，与此同时，还会希望得到更多回应。付出的感情越多，想要得到回应的期待值也会越高。而当对方无法用同样的情感回应时，我们便会感到深深的痛苦：一直看重的朋友拒绝你的邀约，会令你痛苦；爱人没有记住重要的纪念日，会令你痛苦；曾经关系很好的人在你落难时没有相助，会令你痛苦……

要知道，在这世上，不是谁都能回应你的深情，也不是谁都愿意与你风雨同舟。

曾在知乎上看到过这样一个故事：网友小敏是个热心肠的姑娘，平日里同事有什么困难她都会尽量去帮。时间长了，大家总习惯来求她办事，她也一一答应。有一次，她身体不舒服，想让同事们帮她带个午饭上来，本想着自己也帮了大家不少忙，人缘一定很好。却没想到，平日里她帮过的那些人，没有一个应声。小敏的心一下凉了。

叔本华说过："不想太过悲惨的话，最保险的方法，就是不要期望能很开心。"

与其抱怨得不到别人的回应，不如摆正心态，对任何关系都降低期待，保持一颗平常心。

很多人会觉得，当了丈夫，妻子便要理所应当地仰慕、照顾自己；当了父亲，子女便要理所应当地尊敬、爱戴自己。殊不知美好的婚姻关系、和谐的亲子关系并不是每个人都能拥有的。想要得到，就要靠自己的努力去赚取。得不到，不要歇斯底里，而是要反思自己的期待是否合理；得到了，也不要觉得理所当然，而是要怀着谦卑的心去感激。

东野圭吾在《白夜行》中写道："世上有两样东西不可直视，一是太阳，二是人心。"

人心不可测，在任何关系中，爱得太满，期待太多，都容易受到伤害。但当我们降低对每一段关系的期待值，不奢求太多，记住别人的好，并感谢别人的付出时，反而会获得意料之外的喜悦。

用情有度，留三分爱给自己

如果我们用尽了全身的力气去爱别人，就很容易在爱中迷失双眼，忘了自己也是需要被爱的人。

所以，聪明的人不会爱得太满，因为他们总会记得给自己留三分。

有人问过演员俞飞鸿："为什么这么长时间一直不结婚？"

俞飞鸿只是笑笑："我不是不婚主义者，也不是单身主义者。我不反对婚姻主义，我不反对一切形式。我只在乎自由，以及自己的选择。"

面对别人的期待，俞飞鸿还说："别人的期待是他们的事，但生活是自己的。我不会扮演自己，我是什么样子，就是什么样子。"

懂得爱自己的人就是这样，不用别人来肯定，自己就是自己的光。

毕淑敏在《愿你与这世界温暖相拥》中写道："等着别人来

爱你，不如自己努力爱自己。”

如果你只是一味地付出，一味地讨好别人。时间一长，不仅会失去自我，还很难得到别人的尊重。但如果你把三分的爱留给自己，即便身边没有一个人嘘寒问暖，也能经营好自己的生活；即便是一个人，也过得幸福、充实、快乐。你会发现，得到的东西，往往比想象中还要多。如果一个人连好好爱自己这件事都做不到，别人又怎么会对你动心呢？

别付出太多，留点爱给自己；别爱得太满，给自己留点余地。

感情要有合适的温度，刚刚好的相处才最舒服。

好的夫妻，都是“各过各的”

大　猫

一

绷得太紧的绳子，容易断掉；管得太多的关系，迟早疲惫。前段时间，看到一位读者抱怨丈夫总是不理解她。说自己想要和丈夫关系更亲密一些，所以让他下班就待在家，多陪自己看看电视剧，周末也要一起逛街。但是丈夫呢，做这些事时兴趣都不大，有点时间就喜欢和他的朋友们跑去茶馆研究茶叶，让她十分苦恼。

看完她的描述，我就发现了这对夫妻之间存在的问题：没有什么比每天都生活在一起的人，各自没有一点私人空间更可怕的了。

夫妻虽然是一起创建同一个小家的人，但彼此也是独立的个体。

如果夫妻关系里，一个人对另一个人干涉过多，产生控制欲望，完全不能忍受他有自己的爱好和乐趣，那么这段婚姻关系就太不成熟了。

好的婚姻，应当是“各过各的”。

二

好的夫妻，应当是各自独立的个体。

演员夫妻张国立和邓婕的相处让很多人羡慕。张国立老师平时在家最大的乐趣是写写字，听听京韵大鼓，溜溜鸟，悠闲自在。邓婕喜欢侍弄花草，做得一手好菜。大多数时候，两个人就在院子里，一个看报纸，一个修剪花草。有一次，张国立想帮邓婕种花，却不小心被花刺扎到了，邓婕就让他去歇着，自己来弄就好。两个人并不会去强行做对方喜欢的事，而是互不干涉。但是做完自己的事后，也会在一起下棋聊天，分享各自的快乐。

在婚姻里，很多人会为了追求更亲密的婚姻关系，逼迫自己做对方喜欢，但自己并不感兴趣的事，结果往往适得其反。

健康的婚姻关系，是两个人都应该有自己的爱好和兴趣，在无时无刻的家庭生活之外，有一方自己的小世界。这一方小世界，愿意同对方分享，获得的快乐也愿意向对方传达。

这样的婚姻关系才会舒服又自在。

拥有兴趣爱好的人，也会有独立生活的能力。两个人分开时，可以做好自己的事，各自精彩；在一起时，也能并肩而立，互为依靠。能够在两个人的关系里更好地做自己，并且尊重彼此的小世界，才能保持健康的婚姻关系。

就像黄磊说的那样："我们在一起的时候很快乐，不在一起时，两个人也会过得很好，会找到各自的快乐。我在外拍戏时，孙莉会把自己的生活安排得丰富多彩，我很放心。"

这些年，黄磊的话剧事业做得风生水起，演艺生涯也再上一个台阶。而孙莉，也没有赋闲在家。她报了舞蹈班，经常在微博上分享自己跳舞的视频，虽已不再年轻，身段却依旧很美。而两人不忙自己的事时，就在家陪孩子们做饭、烘焙，二十多年的婚姻关系了，日子依旧过得丰富甜蜜。

三

好的夫妻之间，需要空间和自由。

李嘉欣自打嫁给香港富豪许晋亨之后，二人一直甜蜜如初。李嘉欣曾说过她在结婚前就和丈夫商量，即使嫁为人妻，她依然希望能够拥有私人空间，不想与丈夫分享。在接受采访时被问到如何保鲜婚姻，她回答道："婚后我跟老公花了不少时间互相磨合，只要明白以及尊重对方的生活习惯，不要触及对方的底线，问题自然迎刃而解。"

好的婚姻，是双方能够保持精神方面的距离，既可以坚守自我，又能够相互尊重。合适的距离感才是婚姻关系幸福的秘诀。很多人怕拥有独立的空间会导致关系的疏远，其实不然，相反会为日常生活出现的矛盾提供修复的缓冲区。

再亲密的爱人间也需要距离。

就像周国平曾说的那句话："相爱的人给予对方的最好礼物是自由。"

健康的婚姻关系是亲密有间。有呼吸感的关系更长久。

四

好的夫妻，会妥善处理各自的情绪。

如果在知乎上浏览关于"离婚"的问题，你会发现太多婚姻的破裂是因为没有办法妥善处理各自的情绪。很多夫妻之间的矛盾，都是因为在外处理不好自己的问题，在家又随意宣泄负面情绪造成的。

有这样一种场景在生活中常出现：丈夫在工作上受挫，憋着一肚子气回家，到家稍有不顺意，就把气全都撒给妻子。妻子莫名其妙受指责，心里也不舒服，心想"是你自己没本事，还把气撒在我身上"，架就这么吵起来了，没完没了。

一个家庭的幸福感，从带着负面情绪进门的那一刻，就被毁了。

《春宴》中写道：高级的感情，最终形成精神和意识；低级的感情，只能沦为脾气和情绪。

无论在外接收了什么样的消极情绪，请自己消化好，在回家与爱人见面时，给对方一个温暖的微笑和拥抱。停止无意义的发火和宣泄，乐观的力量才能给彼此能量和信心，从而更好地解决问题。夫妻是能够在一个屋檐下生活数十年的家人，既是爱人，也是亲人，是你可以倾诉和依赖的人，但绝不是你的出气筒。妥善处理自己的情绪是一个成年人的必备能力，也是婚姻关系长久的秘诀。

很多时候，婚姻不幸福，不是因为缺少爱，而是因为缺少自由。世上没有百分百美满的婚姻关系，幸福来自彼此尊重和适当放手。

舒婷的《致橡树》里写道："我们分担寒潮、风雷、霹雳；我们共享雾霭、流岚、虹霓。仿佛永远分离，却又终身相依。"

这句话就很好地说明了夫妻的相处之道：

遇到困难时，是可以同舟共进的伴侣；平常日子里，是相亲相爱的家人；我们彼此惺惺相惜，但永远是独立的个体。

希望大家都能找到那个和你"分开时各自精彩，在一起时天下无敌"的伴侣，也愿大家都能把婚姻生活越过越好。

婚姻需要“断舍离”

晨　雨

一

人们常说，婚姻不是两个人的事，而是两家人的事，婚姻中涉及了太多的人和交际圈子。父母、兄弟姐妹、亲戚、朋友……每一个人都有不同的立场、观点和建议，而且往往不尽相同。你再怎么努力，也很难迎合满足所有人的想法和期望。婚姻中掺杂了太多的人性，只谈风花雪月的爱情不过是飘在云端的一场梦。夫妻双方的每一处瑕疵和弱点，都可能成为伤害婚姻的利刃。不管听过多少经验之谈，做了多少心理准备，当婚姻生活的柴米油盐真的落在自己身上，其中的复杂与困难还是会弄得人措手不及。

网络红人 Papi 酱特立独行的婚恋观曾上过热搜。她在节目中自曝婚姻模式：和丈夫老胡结婚五年，过年一直都是各回各家，从谈恋爱到结婚，两家的家长也没有安排过正式见面。不少网友表示，这就是梦想的婚姻状态，能避免很多家庭矛盾，简单而舒服。很多人结婚后，处理不好二人世界和父母的关系，遇到原生家庭的问题，却为了孝顺父母或者为了息事宁人，站在了另一半的对立面。

有妻子的回答令人唏嘘："平时和公婆有了摩擦，老公总是让我忍让，别和老人一般见识，总这样和稀泥，对错不分。家庭事务没有发言权，让我觉得自己是这个家的外人。"

在这一点上，袁弘的做法就很值得借鉴。在一档综艺节目中，张歆艺有点委屈，郁闷地和袁弘聊起，因为照顾小孩，自己的工作都没了。后来和丈夫、婆婆一起吃饭时，她提出"想在孩子六到八个月之间开始断奶"。

她一说完，袁弘率先表示："当然可以！"

婆婆却显得不太乐意，试探着问："你是想出去工作了，还是觉得人奶和配方奶都一样？"接着一直强调："妈妈的奶营养好，脱离母乳怕孩子营养跟不上。带孩子还是应该母亲为主……"

张歆艺心里很失落，但还是努力地和婆婆解释自己的想法。气氛僵持不下时，袁弘再次开口："您看所有的家庭，就是老公在外面工作，老婆一个人在家里，这个家就失去平衡。到最后基本上下场就一个——离婚。"

袁弘的一席话让网友纷纷点赞。丈夫主动站出来调和矛盾为妻子说话，表明自己尊重理解妻子的想法。不仅及时让婆媳间的争端偃旗息鼓，也加深了夫妻感情。

小家和大家都很重要，却要有所取舍，尤其是关系到另一半的意愿和人生时。婚姻中的减法要从与父母相处开始，减少父母插手小家庭的事情，二人互相理解扶持，为对方着想，才会拉近两颗心的距离，成为真正的一家人。而周旋于两个家庭间，却理不清关系，摆不正位置，另一半也不被尊重，夫妻关系失衡，这样的家庭，幸福必然不会长久。

二

听过这样一个故事：一位妻子动了离婚的念头，导火索是老公回家总把脏衣服、脏袜子到处乱丢，说了多少次也改不了。那天她不舒服，下班回家刚强忍着打扫完，躺在沙发上准备歇一歇，她老公就回来了，外套和领带又随手挂在椅背上。她语气很冲地抱怨，老公突然被骂，也摸不着头脑，一来二去，就吵了起来。对于老公的不体贴，她越想越伤心，咨询了一圈周围朋友的意见，大多是说这个男人不值得。她有些犹豫，去见了一位婚姻咨询师，说到气头上，眼圈都红了。咨询师听完她的抱怨与委屈，没有马上给出建议，也没有马上下结论。而是让她想想，之前跟其他朋友说起和老公吵架的事情时，是不是都是这样讲述的。她不明所以，以为是咨询师觉得她夸大其实，争辩道："我说的都是实情，这件事的经过就是这样，是他做错了！"

咨询师却说："你想想，朋友们对你老公的印象，都来源于你的状态和描述。你在气头上，说的肯定是他不好不对的地方，朋友们和你更亲近，见你难过自然又心疼又气愤，自会对你老公没什么好印象，觉得这个人不值得你继续托付终生。可是，人都有两面，你的评价或许正确，却未必全面。你对自己的丈夫了解一定更多，当初选择他，应该是有闪光点吸引了你，如果这些优点还在，不妨等两人冷静下来再沟通一下，再做决定。”

对于处理夫妻间的矛盾、问题，也需要做减法，多向内交流，而不是向外交流，减少不必要的外人介入两人的争吵。对亲人朋友说另一半的不好，一是他们也难以客观全面地评价建议，二是分不清亲疏远近，反而容易让外人看笑话，外人的风言风语，会寒了枕边人的心。

两个人一起生活，从习惯性格到待人处事，少不了磨合。但是，婚姻中另一半真正值不值得，只有围城内的人知道。与其急着向外求助，不如先试着说出自己的感受，让自己的付出和心意被对方感知。多尝试沟通调整，互相尊重体谅，婚姻才能长久。

三

距离产生美，亲密关系也是如此，婚姻中既需要保持亲密，又要有各自独立的空间。

米歇尔在自传《成为》里，提到丈夫奥巴马：自己爱上的男人，会把东西堆成一堆，从不觉得有叠衣服的必要。而她一向习惯整洁有序，会给所有的文件夹贴标签和按字母排序。丈夫却需要一个“洞”，一个封闭而拥挤的小空间，可以同时看六七本书，把报纸扔得遍地都是。虽然对米歇尔而言，那个“洞”是令人讨厌、杂乱无序的烂摊子，但对于丈夫来说，却是能让思路变清晰、专注读书写作的“圣地”。于是，她总会为丈夫保留一个独属的空房间，任他折腾；而丈夫也默契地不把“洞内的世界”带到二人共处的空间。

她戏称道：“这是一个控制狂在生活中学到的一点，世界上还有其他的生活方式。”

或许，婚姻中最需要的便是：尊重彼此身为个体的自我，而不是时刻要求对方做一个好妻子、好丈夫。有的人恐婚，就是怕受到太多束缚，丧失原来的自己，因此，不要试图让另一半为了你改变全部的人生。

分享生活的美好当然重要，但凡事都讲究“适度”二字。有人在结婚后，喜欢事无巨细都和另一半分享，以为自己喜欢的，对方也一定喜欢。其实，不必让双方的生活过度重合。如果兴趣爱好不同，一次两次或许新鲜，也愿意耐心相陪，可长此以往，一方难免觉得麻烦心累，另一方觉得我把快乐、美好分享给你，你还不乐意，导致嫌隙渐生。到头来，自以为的付出，变成了一厢情愿的快乐，却感动不了另一半。两个人都烦累，何苦呢？

学会给婚姻做减法，而不是做加法，不要让它混杂太多外界的喧嚣杂乱。工作中受了气，生活中遇到了烂人、糟心的倒霉事，尽量不要带到婚姻中。自己折腾发泄不要紧，但不要折腾对方。爱情的水晶很美好也很脆弱，需要双方细心、用心地呵护，太沉重的负担和压力只会让它尽早破碎。

婚姻的围城盛不下那么多杂物，就像人生需要断舍离，婚姻同样需要保持一份干净、整洁，不要什么都往里面堆积。

平凡如你我，时间、精力、财富都有限，何不让事情变得简单点呢？

简单点，婚姻会更幸福、更快乐。

幸福婚姻的秘密

之　歌

结婚的意义是什么？

有人说，婚姻是爱情的坟墓；有人说，婚姻是爱情的结晶；有人说，婚姻是一座围城，外面的人想进去，里面的人想出来。

其实，婚姻说简单也简单，多少人一辈子恩爱地过来了；但说复杂也很复杂，又有多少人在婚姻面前败下了阵，违背了自己天长地久的誓言。为何有的夫妻连搭伙过日子都困难，有的夫妻却能携手余生？为何有的婚姻十分美满，有的婚姻却千疮百孔？

曾在论坛里，看到过一位年轻的产科护士，讲述一个产妇和她丈夫的故事。年轻护士所在的医院地处小县城，医疗条件还不太发达，但方圆十里也没有再大的正规医院了，所以总能遇到一些紧急情况。有天深夜，一个疼到满头大汗的产妇被紧急送来，一旁的丈夫好像还在和她争执着什么。医生问了才知道，产妇疼得受不了，想要剖腹产，但丈夫却坚决反对：“我妈不同意剖，说对孩子不好。再说不就是生个孩子吗，还用开刀？哪个女人不生孩子？我妈都生了四个，也没开一次刀呀！”

两人僵持不下，丈夫拒绝签字，产妇只能妥协。几个小时过去，宫口打开的程度还是不够，眼看产妇疼得又哭又叫，她的丈夫却冷漠地在等候室里玩手机游戏，对产妇的情况不闻不问。后来，胎心出现了问题，急需剖腹产，医生去找丈夫签字，却发现丈夫已经抱着手机在椅子上睡着了。

医生叫醒了那位丈夫说：“你老婆在顺产中出现问题，胎心不稳，需要转剖腹。”

丈夫却一脸不愿意：“这么多女人都能自己把孩子生下来，你们是不是想多收钱啊！”

医生严肃道：“事关人命，我们是为了产妇和胎儿的安全考虑，现在需要您签一下字。”

丈夫一撇嘴：“我不签，再等等。反正大人孩子你们都得保平安的，出了事都是你们的责任！”

结果时间拖得太长，产妇忽然大出血，胎儿没能保住，产妇也差点因此丧命……

那位产科护士说，当时她在一边看着，心里都凉透了。她心里难过，同时也替产妇感到难过，竟然嫁给一个视自己的生命如草芥的冷漠丈夫。她听说产妇康复出院后，立刻就在娘家人的陪同下和丈夫办了离婚手续，心里终于松了一口气。故事讲完后，小护士感慨：“原来一段婚姻的破裂，可以不是因为家暴、出轨。丈夫的冷漠、轻视，就足以杀死一段感情……”

人心都是肉做的，每个人都期待被保护、被温柔地对待。在婚姻中，如果一方总是对另一方冷漠以待，把另一方的付出当作理所应当，那么攒够了失望的那个人，也会心灰意冷，扭头离开。

除了“自私冷漠”，两人之间的“感情麻木”，也是婚姻的一大杀手。

电影《爱情呼叫转移》里，有一段徐峥跟妻子离婚前的镜头。妻子和平时一样，没有察觉到任何的异样。二人正吃着饭，丈夫却突然张口说了一句：“我们离婚吧！”

妻子吓了一跳，以为丈夫在开玩笑。她不明白，日子过得好好的，为什么丈夫会突然要离婚呢？是丈夫出轨了吗？还是其他的什么原因？

事实上，丈夫提出离婚的原因听起来十分可笑：“你在家里永远穿这件紫色的毛衣，我最讨厌紫颜色你知道吗？牙膏得从下往上挤，我从中间挤怎么了？我愿意从中间挤怎么了？每星期四次炸酱面、电视剧，电视剧、炸酱面！还有，你吃饭的时候能不能不要嘬的面条打转转？”

一位情感专家说过，绝大部分亲密关系的最大杀手，不是出轨，不是三观，而是——麻木和厌倦。

总听人说：“老夫老妻了，太熟悉了，那些礼物、仪式、节日统统可以免了。”

结果，你不再牵我的手，我不再给你晚安吻；你不再为我买我喜欢的蛋糕，我也不再为你煲你喜欢的汤。时间久了，原本一对甜蜜的小夫妻变得越来越像陌生人，渐渐地，开始相互嫌弃，又从陌生人变成了冤家、仇人。

其实，经营婚姻就像培育玫瑰，想要玫瑰娇艳美丽，需要两个人共同去施肥、浇水。如果任凭玫瑰日晒雨淋，不出几日，花便会枯萎。

同样，不去经营婚姻，不去试着为婚姻制造惊喜，再浓厚的爱也会随着时间流失而消耗殆尽。

是什么维系着婚姻?

知乎上有一个话题，有超过2亿人次的浏览量：你后悔和现在的妻子结婚吗?

本以为答案中会充斥着后悔和不满，没想到却正相反。一个网友说，在他准备和女友结婚时，一场突如其来的车祸让女友失去了一条腿。结果，自己这几年来攒下的三十多万元积蓄，全部都花在了女友的手术治疗上。女友怕拖累他，提出了解除婚约，身边的朋友也都劝他不要在女友身上浪费一辈子。但他却说："她跟了我这么多年，要我放弃她，怎么可能？也许很多人会计算恋爱成本，婚姻成本，会在出问题时，各自放弃。你们认定的是一种物质的生活，和谁一起过不是你们最终的目的。但我不是，我爱她，我想和她在一起！"

后来，他们结婚了，四年过去，依然甜蜜如初。他们感情没有受到阻碍，反而因为彼此的陪伴越来越深。

好的婚姻，一定要有爱情作为基础。两个人若是想长久地在一起，如果没有爱情的加持，迟早是要散场的。爱情是婚姻的原动力，没有爱情的婚姻是一个悲剧，但光有爱情的婚姻同样是一个悲剧。

相爱容易，相处太难，婚姻里光有爱还不够，要有忍让和包容才能长久。

文学大师林语堂和太太廖翠凤的婚姻，就是最好的例子。结婚的第一天，林语堂就下定了决心，对太太说："把婚书撕了吧，婚书唯一用到的地方，就是离婚。我们不离婚。"在之后的几十年里，两人虽然习惯、三观不尽相同，但仍相互欣赏、相互包容。林语堂生活习惯不好，常熬夜抽烟，而廖翠凤最讲究作息规律。为了不打扰太太休息，林语堂就自动搬出了卧室，和廖翠凤分床而眠。林语堂外向，性情放荡不羁；而太太却内向，有条有理，出门买个早点都精细打扮一番。两人习惯不同，却从未有看对方不顺眼的时候。

乃至到了晚年，林语堂的三个孩子都说："世上找不到两个比爹妈更不相像的人，也找不到比爹妈更相爱的人。"

其实这就是幸福婚姻的秘密：因为爱，所以包容；因为包容，所以更加相爱。

幸福的婚姻中，都会有爱，有包容，有忍让，有迁就，有理解；而不幸的婚姻中，有的是麻木、厌倦，有的是自私、冷漠。要知道，结婚并不是两个人简单的搭伙过日子，而是两个人，甚至两种生活方式的融合。也许没有一段婚姻是平顺的，总会有些磕磕绊绊、吵吵闹闹。用麻木和冷漠去对待，这段婚姻就将越来越脆弱，从而迅速走向衰亡；但用爱和包容去对待，这段婚姻就会越来越稳固，越来越幸福。愿我们每一个人，都能找到自己的良人，组成幸福的家庭，相爱一生。如果身陷无可挽回的错误婚姻，也愿我们鼓起勇气，好聚好散，总好过委曲求全！

试错也是一种成长

松奈子

一

不合适的婚姻，你要勇敢放手。

知乎上有一个浏览量近1000万次的问题："什么样子的婚姻让人感到必须要离婚？"

一位网友回答说："他在我北京的公司工作3年，在我为员工租的房子里带着他的女友——他从夜总会捞出来的陪酒女，和我同事一起住了3年。我所有员工都知道。40岁，我选择了离婚，现在已经过去5年了。我的孩子在英国成长，现在身高185cm，玉树临风，被全世界排名前50学校的提前录取。我离婚2年后遇到了我现在的伴侣，他是居住在伦敦的意大利人。生活很平静幸福。"

但我见过更多女性，委曲求全了大半生，始终没有勇气走出来。"孩子要上学了，离婚就没有经济来源""不敢想象要一个人抚养孩子、处理工作的日子，撑不下去"。

恋爱是风花雪月，婚姻是柴米油盐。恋爱多美好啊，因为它不会让你看到生活的残酷，婚姻有酸甜苦辣，结合或放手，背后都需要深虑。该不该放手一段婚姻，最重要的是，看自己的原则。是去解决、修复这段有些裂痕的感情，还是勇敢地给自己一个追求幸福的机会？

如果你发现无论如何经营依旧身乏心累，两个人无法在同一条线上往前走，或许放手的确是一个更好的选择，即使你有孩子或是来自父母的压力。当初一篇自诉离婚经历的文章，让在麦肯锡做了7年咨询师的邱天，在网络上引起了百万女性的共鸣。30岁那年她离了婚，办离婚手续时，对方和别人的孩子将要出生，婚姻破裂到了不可挽救的程度。她说，和三观不一致的人抚养孩子，一定会痛苦。于是她选择了放手。3年里，她挥霍过感情，轻慢过世界，丧失过信念。

“但我做得最对的一件事情，就是我一直在不停地瞎折腾，我见到了新的朋友，打开了新的社交圈，我去南极了，去航海了，我对北京的美食有了更多的体会。”所有这些新的阅历、新的风景都是离婚后的新生活，她说，“人生很长，会给我们时间成长”。

二

“亲爱的，你要一直相信爱情。”

很多人离婚后沉浸在痛苦中长达几十年，她们有的觉得爱情从此变成了灰色区域，有的到了生育年龄必须再婚，只得匆匆选择一个并不怎么相爱的人。离婚不是一个过不去的坎，它只是感情的某种状态。我们收获甜蜜，也可能失去爱情，但我们失去之后，并不意味着永远不会再拥有幸福。

我见过很多年轻女性，离婚后活得更好。

伊能静离婚时40岁，生二胎时47岁。她和庾澄庆恋爱13年，伊能静生病，医生说可能是恶性肿瘤，甚至可能影响生育的时候，庾澄庆坚持要娶她。但是这段被所有人看好的爱情故事，最后依旧因二人的相处方式不合而告终。人们都以为伊能静失去了生命中最重要的男人，又已经40岁了，很难再拥有爱情。然而，与这种设想相反，她在46岁时和35岁的秦昊结婚，不久便以高龄诞下了两人的女儿——米粒。

伊能静曾经对秦昊说："对不起，我不想试试，我不是东西，不能被试用。我想结婚，信任婚姻制度，不想谈恋爱，我要一生的伴侣。而我比你大，又离过婚有孩子，我们不合适。"

秦昊却在公开信里说："我看上你的时候你就比我大十岁，又不是嫁给我以后才有了十年的差距，没有女人能够强迫我娶她，而我娶了的就一定是我爱的女人。你身上那种可以跨越年龄吸引我的东西，我希望，永不磨灭。"

伊能静生日那天，秦昊晒了她的旧照，满是宠溺地配文6个字"倔强的小妞儿"。大家才发现，这段曾经被吐槽的恋情竟然已经过去这么多年。伊能静还是那么有少女感，还有可爱的女儿和疼她的丈夫。

或许每一个离过婚的女人都像那时的伊能静一样，渴求、怀疑、失望过。如果你要再婚，希望你记住最重要的一件事——认清楚他什么样，他是否真的适合你。首先你得尝试，而不是再也不信“爱情”。或许你依旧会犯错，但试错也是一种成长。所有发生在你身边的事情，都是对你成长的邀请。在明白了什么样的人不合适你之后，你会越来越清楚地知道，什么才是合适自己的。你和他在一起，一定会相处得很舒服：他有和你类似的三观，尊重你、理解你；他会让你想二人要一起去过那种小日子——修理家具、淘米做饭；他会想被你的孩子叫爸而不是干爸；他想让你的配偶栏从空白变成他的名字；他会大声吆喝所有的亲朋好友都来喝喜酒，而不在乎你是一婚还是二婚。

最重要的是，他对待爱情，一定很成熟。这样的人一定有，问题是你得先敞开心扉，假如不走出去，不去相信，那就永远没有与他相逢的可能。

三

你的一生，不止婚姻一件事。

不论你现在是未婚、已婚还是离异，我一直觉得，女人不该总是把“老公怎么样、孩子怎么样”挂在嘴上。别忘了，你还有“自己”。每个人都是独自来到这世上，最终又一个人离去，适当地将自己放在第一位，是你要学会的事。

曾经的中国女首富吴亚军，即使离婚要被分走200亿港币，她也决然离了婚。这种“花钱买自由”的潇洒，源自她丰厚的家底和经济实力。

无数女性不敢离婚，无非是因为将自己和家庭绑得太紧以至于无法抽身，要么经济不独立，没有一笔自己的资产；要么精神不独立，没有独当一面的勇气。然而婚姻的确不是你的全部，没有人规定你必须依附于某一个人而活，30岁的你依旧可以留学，40岁的你依旧可以重新学一个兴趣爱好，50岁的你也仍旧可以投资你的第一家公司。

想做的事情，没有年龄限制，事业也好，爱情也罢。

我很喜欢邱天在《是谁出的题这么难，到处都是正确答案》里说的：“在古老的墨西哥城，我发现，失联5年的他在阳光灿烂的加州，过着简单而孤独的读博生涯；我在北京，历经时而繁花似锦，时而兵荒马乱的折腾，内心深处，我们却是那么相像。”

你要知道，在很多个你偷偷哭泣或寂寞颓丧的夜晚，那个要和你携手到白头的人，其实也在相同的时间里忍受着和你类似的孤独。你要明白，他一定也满怀着期待，正马不停蹄地赶来和你碰面。到那个时候，你只需牵着他的手温存地哭一场，无须说起这半生过去的多少煎熬，他便会护你走到头发花白的那天。

在那之前，如果你是一个人，记得早餐煮面的时候，打个浑圆的荷包蛋，再加几只新鲜的大虾，你得养好自己娇贵的胃；记得深夜下班打个车，不要一个人走长长的夜路，风很大，你要暖着自己；记得去尝试那些你从没做过的事，人生还有非常多个第一次。

无论经历何种风霜，爱情到来或离开，你都应该让自己的日子安稳、幸福、细水长流。

你还相信一生一世的爱情吗？

小　喵

时间可以了解爱情，也可以证明爱情。

“赌王”之子何猷君求婚奚梦瑶成功的新闻曾占领了各大头条，而“赌王”和发妻的故事也随之再度从蒙尘的记忆中被唤起。穷小子何鸿燊，遇见了名门望族的“澳门第一美人”黎婉华，一见钟情。1942年，美人下嫁了穷小子，并用自己的关系和名望帮助他成了一代赌王，为他生儿育女，成就了一段童话情缘。

1957年，黎婉华突然患上结肠炎，遍寻名医仍未能根治。刚开始何鸿燊也对她呵护有加，还说不论她变成什么样，他都会像以往一样深深爱着她。但渐渐地，何鸿燊越来越少出现在她病床前，并又接连娶了三位太太。而黎婉华因饱受病痛，加之在早些年失去爱子，变得精神不佳。“赌王”亦沉溺于接连不断的佳人怀抱，不再过问她的生活。

童话终究还是破碎了。

古人云：贫贱之交不可忘，糟糠之妻不下堂。纵观何鸿燊、李嘉诚和刘銮雄抛弃发妻的故事，不禁令人唏嘘。在这个物欲横流、明星出轨离婚几乎月月霸占头条的年代，可能相信地久天长的爱情会显得有点蠢。但这世间真的有这样一类人，他们把爱变成了童话。

一

因为爱你，我愿替你踏平这世间万般苦难。

重庆“爱情天梯”的故事曾感动过很多人。那年，年仅6岁的刘国江看到了16岁出嫁的新娘徐朝清，惊鸿一瞥令他情窦初开。后来徐朝清不幸丧夫守寡，刘国江暗暗发誓一定会照顾她的下半生。为避闲言碎语，他毅然带着徐朝清逃至与世隔绝的深山老林。在那之后的每一天，刘国江都会拿着铁榔头带着几个煮熟的洋芋一早出门，在悬崖峭壁上凿路——他怕她出门摔跟头。整整50年，铁铣凿烂了20多把，他一手一手凿出了6000多级的阶梯，每一级的台阶都不会长出青苔，因为只要下雨过后他都会用手擦过，这样一来就不会滑……

这6000多级的石阶被人们称为“爱情天梯”。

而他，也从一个年轻人变成了一个白发老翁。徐朝清总会摸着老伴满是茧子的双手，默默流泪：“我心疼，可他总是说，路修好了，我出山就方便了。其实，我一辈子也没出山几次。”

他们二人约好，谁先走了，另一个就将其葬在山上，然后下山和儿子住，死后再运上山和老伴合葬。2007年，刘国江老人去世;2012 年，徐朝清老人去世，享年 87 岁。遵照她的意愿，儿子把她葬在刘国江老人身边。这段感人至深的爱情故事，伴随着那 6000 多级阶梯永远的流传了下来。

都说爱情不能用来衡量，可那 6000 多级的阶梯，就是凿入大山深处爱的刻度。

隔绝尘世只想跟你终老，愿为你踏平这世间万般苦难。

二

因为爱你，我愿为你的笑容保驾护航。

向华强与陈岚的爱情故事和赌王的故事如出一辙，但这两个故事却走向了两种不同的结局。年轻时候的陈岚极其貌美，有不少追求者，但让所有人意外的是，她嫁给了当时背景复杂、创业失败且离过婚的向华强。这一选择令很多人不解，《鲁豫有约》中，向太给出了她的答案："他是唯一一个让我心跳的男人。"

在之后向华强打拼事业的路上，陈岚历经磨难，帮向华强在每一个他无法胜任的领域亲自照应，面面俱到。

"当你深爱一个男人的时候，你会觉得什么都要帮他做得妥妥当当的。"

这是陈岚的爱情观。

后来，向华强在香港娱乐圈成为无人可撼动其地位的存在，陈岚却因生病吃药变得不再美貌，多年来混迹于生意场也让她变得有点强势，脾气不好。可向华强看她的眼神永远那么温柔："我越来越觉得她可爱啊，她越来越胖的，以前瘦瘦的很漂亮，现在胖胖的但她也可爱呀。"

鲁豫问向华强："三十年宠爱与忠诚于一个人难吗？"

向华强回答，"难不难，看你心，看你愿不愿意"，说起陈岚现在在微博上十分活跃，向华强就满眼笑意地说，看她和网友聊天很开心，他就很开心。

那种渗透心底的甜蜜，难以想象是这样两位在各种大场面历经风雨的夫妻表现出来的爱意，那么平静又令人感动。也许在年轻时他们都是人们眼中遥不可及的大人物，但老来，他们就是彼此眼中甜蜜的唯一。

愿一生看着你的笑，做我生活的最甜的添加剂。

三

因为爱你，从年少懵懂无知到年老历经沧桑，我愿一辈子把你宠成孩子。

人们有时候怕变老，是因为怕跟这社会脱离，怕看着自己的身体一天不如一天，怕感受那种无尽的孤独。可看了《亲爱的，别跨过那条江》后，我觉得，即使变老这件事听起来不那么美好，但如果有爱人陪着，一起慢慢变老，那将会是一件很幸福很浪漫的事情。这是一部普通到不能再普通的纪录片，平淡少言，可每一帧都透露出相濡以沫的美好。从年少初识到容颜变老，他们携手走过 76 年。他们独居在韩国安静的一个小山村，门口会有涓涓小溪流过。

天气好时，他们会穿着情侣装出去散步，他会趁她不注意摘一朵美丽的雏菊，对上她的目光时递给她，在她满眼欣喜中，将小雏菊别在她的耳旁。如果她在河边洗衣服，那他就会调皮地捡小石头扔在河里，溅了一身水的她，一路追着他硬是要“报复”回去。

这不是他们年少时的爱情场景，而是两人都步入老年时的点点滴滴，76 年的婚姻生活把他们变成了充满爱意的老小孩。

即使生活也有过不能承受之痛，比如在战火纷飞的年代失去的六个孩子，心爱的狗狗小不点在意外中去世。但生活也有继续可以走下去的动力，比如奶奶上厕所害怕，爷爷就会在外面给她唱歌壮胆；晚上睡觉时，哪怕爷爷有一点小动静，奶奶也会爬起来看看。

可是人终究没有办法和死神抗争，爷爷在一个漫天飘雪的冬天走了。最后一幕，恰是纪录片的开头，一片白皑皑的雪，和苍茫茫的山，一头是活着的奶奶，一头是在墓里的爷爷。

他们之间隔着的是整整 76 年不变的爱。

其实很多时候，让我们羡慕或者感动的并不是年轻时的轰轰烈烈，而是老了之后的相濡以沫。

人的一生会遇到 2920 万人，而两个人相爱的概率却只有 0.000049，相遇尚且这么难，更别说相伴。遇到一个能陪伴一生的人并不容易，一个能一起平平淡淡度过一生，在激情褪去仍不分开的爱人是多么珍贵。

张小娴说："时间可以了解爱情，也可以证明爱情。"

虽然在媒体如此发达的时代，我们会看到许多童话般的爱情故事破裂，会见证很多名人夫妻从恩恩爱爱到反目成仇，这些新闻或许会让我们失去对爱情的信心。但也会有像杨绛和钱锺书这样真实存在的神仙眷侣，一起走过了长达半个多世纪的爱之路。这让我们知道，这世间真的会有相伴一生的爱人。

"慕似乍见之欢，爱才为久处不厌。"

请始终相信，一定会有那样一个人，你的人生有多久，他便会用爱陪伴你多久，直至世界的尽头。

谈钱是检验感情的最好方法

之　歌

一

钱，是友谊的试金石。

有人说，判断两个人友情深浅的最佳方式，就是看你们是否相互借过钱。的确，向一个人借钱，或借钱给一个人，都代表着你们之间已经建立了信任关系。

网友们也评论道：“简单明了不套路，这才是真正的朋友。”

没有人会嫌钱多得花不完，他愿意借钱给你，说明他把你们之间的友谊看得比金钱重要。所谓真朋友，正是如此。朋友有难，慷慨解囊是高尚之举，但在此之前，做人还应守住一个更重要的底线，那就是“欠债还钱”！

有网友讲过这样一个故事：有个同事，总是向她借钱，每次都是十块、二十块这样的小数目，两人关系不错，她都爽快地借了。但是时间长了，她发现同事并不会定期归还，有些借款，同事给忘了。终于，她忍不住开了口，让同事还上次买奶茶的三十多块钱。

没想到同事却翻了脸："这么点小钱记到现在，跟我不还你似的，没想到你这么小气……"

她当即决定结束这段"塑料友情"，奶茶钱也不要了，就当花钱买了个教训，也算是看清了一个人。

老话说得好："有借有还，再借不难。"

愿意借钱给你的人，都是真心把你当朋友的人；主动按时还钱，信守承诺的人，一定是人品高尚的人。而总想占朋友便宜的人，想必生活中也常要小聪明、斤斤计较。

这样的朋友，还是少结交为好。

二

钱，是亲情的度量衡。

老话说："亲戚不共财，共财断往来。"

古往今来，很多至亲好友，都是因为"金钱"二字翻脸。

曾经热播的电视剧《都挺好》里，苏家的奇葩舅舅给众人留下了深刻的印象。剧中，苏明成借了他 3 万块钱，因为暂时没法还，他就去骚扰妹妹明玉。为了要回 3 万块钱，舅舅一家大闹办公室，还害得苏明成丢了工作。拉扯过程中，儿子脑袋受伤，舅舅又开始讹诈苏家。不仅强行入住苏大强的新家，讨要 10 万元医药费，甚至还对明玉说："这是你的表弟，有钱了，就给表弟花，不是理所应当的吗？"

等到明玉将母亲生前的账本翻出来，才发现，原来母亲一直特别疼爱舅舅，花钱给他找工作，给他买婚房，就连舅舅的儿子上学的钱，都是母亲出的。算起来，舅舅还欠了他们20万。

轮到自己还钱，舅舅却改了口："记账归记账，可是没说过要我还这笔钱呐。"

一副贪婪的嘴脸，着实让苏家人心凉。这样一通闹下来，想必两家的情分，已是荡然无存了……

一项关于"私人借钱选择对象"的调查显示，人们在遇到经济困难时，总是倾向于向亲戚借钱。因为亲戚的钱好借，归还日期还可以商量。但即便是有"血缘"这层关系，也要记得"亲兄弟，明算账"！

记得之前小叔在老家盖房的时候，资金周转不开，就向我家借了5万元钱。小叔年轻，工资不高，父亲本没打算要他还，谁知小叔居然主动写了一张欠条给父亲。一年之后，小叔不仅如期归还了5万元，还多还了2 000元的利息。父亲想要拒绝，小叔却说："感情是感情，钱是钱，一码归一码，向银行借还有利息呢，您就收着吧！"

当真心的价值超过利益，才是亲情的价值所在。

那些对你说着，"他是你弟弟，帮一把怎么了？""我们这么近的关系，还要还钱吗？""你给我钱不是理所应当的吗？"把你当作提款机的人，不该被称为亲戚，而是流氓。

三

钱，是婚姻的照妖镜。

《人生需要揭穿》一书中，有这样一句话：“我向来不以钱来判断事物，但我知道我们爱的人，应该是和我们价值观相近的人。”

的确，谈钱是夫妻之间不可避免的事，婚后的一切矛盾往往也由此引发。之前看过一个恋爱观察类节目，其中有一对夫妻，就是为了“钱”上台对峙。妻子说，结婚后，丈夫从来不愿给自己花钱，买化妆品、衣服从来都是嫌贵，更不要说带她出去吃饭、看电影了。后来甚至收走了她的工资卡，说不准她乱买东西。

台上的嘉宾纷纷质疑这位丈夫到底爱不爱妻子，只听丈夫说：“我爱她，但我就是不想让她花太多钱……”

听到这句话，所有劝和的嘉宾都沉默了。

涂磊老师说了一句很有道理的话：“钱不是检验真爱的唯一标准，但是钱可以测量感情的深厚。”

看一个人爱不爱你，从来不是看他嘴上说了多少，而是看他在行动上做了多少。爱你的人，生怕你的钱不够用；只有不爱你的人，才会嫌你要得太多。

很多夫妻在谈恋爱时羞于谈钱，总觉得金钱会玷污爱情，结果婚后为一点小钱就闹得鸡飞狗跳。

之前在网上看过这样一则新闻：一对小夫妻，过年去女方娘家拜年。妻子想带一万元回去发红包，丈夫却坚决不同意，两人还为此大吵了一架。后来，妻子还是私自带了一万元回娘家，丈夫知道后大发雷霆，抓住妻子的头发把她摔倒在地，接着拳打脚踢，邻居劝了好半天才拉开。

想要维护好婚姻，夫妻之间就应该开诚布公地谈一谈钱。如果不能够满足彼此的物质需求，那么再好的感情，也像是毫无根基的空中楼阁，经受不住一点风吹雨打。

真正优秀的人，懂得约束自己对钱的欲望。钱品好的人，人品总不会太差；反之，钱品差的人，人品会大打折扣。谈钱是一个很残酷也很现实的话题，在利益面前，我们总会不自觉地露出人性的本色。这个时候，最能判断出一个人是否值得深交，一段感情是否能够长久。

真正的友谊，在利益面前依然坚固；真正的亲情，在矛盾面前依然深刻；真正的爱情，在诱惑面前依然忠贞。在真正的感情面前，金钱可以一提。

钱，是人品的试金石。

只有爱不够，还要找到爱的方法

张一条

婚姻里，比相爱更重要的是相处。都说，婚姻是女人的第二次投胎。选对了人很重要，但选择之后，如何经营更加重要。没有人能够给出一份标准答案，照着做就能够得到幸福。但是以下 3 件事，聪明的女人绝对不会碰。

放弃自身的管理和成长

上班之后，我表姐就变得特别想结婚，理由是结了婚可以被人养，自己就不用这么辛苦了。当了 20 年律师，处理过上千起离婚案子的姨妈听完这话冷冷地给她浇了盆凉水：像你这么想的，最后百分之八十都来找我了。那些觉得结了婚就万事大吉，从此放弃事业上的努力，放弃形象的管理，只是一门心思待在家中享受着“岁月静好”的女人们，十有八九都逃不过被抛弃的命运。

前不久，就有一则“美女婚后变胖 80 斤被甩”的新闻上了热搜。事件中的女主人公刘亚娟是海归高管，原本有着大好前程。但在婚后，她选择放弃自己的事业成了一名全职主妇。结婚前，丈夫说，“我真的是想把你养胖，因为养胖之后你就不会跑了”。但她真的胖了 80 斤后，丈夫的态度却来了个 180 度大转变。不但要求离婚，还说，“你瘦的时候怎么作都可以，但你现在这样我受不了”。

诚然，言而无信是丈夫的错，但是婚姻中不是没做错，就不会受到伤害。假如这位女主人公在婚后仍不放松对自己的要求，哪怕有一天丈夫依然以这样或者那样的理由抛弃她，凭着她自身的条件也能够很快开始新的生活，又何至于落得来上节目诉苦的地步。婚姻也许可以让人适当放松，但千万别想着能一劳永逸。不放弃自身的成长不是为了取悦谁，也不是为了维持什么关系，而是保证自己在任何情况下，都有不低声下气的底气。

电视剧《我的前半生》里同样是被最爱的人背叛，同样的痛不欲生。作为家庭主妇的罗子君只会号啕大哭地抱着丈夫的胳膊求他不要离开，甚至把一切责任都揽到自己的身上。而唐晶就可以选择潇洒放手，绝不委屈求全。

你可以把婚姻当成保护伞，但是必须要保证无论这把伞在何时何地破碎，自己都有独自面对风雨的能力。

没有边界地控制对方的生活

刚开始恋爱时，希望能够跟对方时时刻刻黏在一起，希望对方能够对自己百依百顺，这是人之常情，甚至可以说成是情趣。但是如果结婚之后还保持着这种心态和作风，那么它就将成为摧毁感情的杀手。前不久热播的电视剧《小欢喜》里的宋倩，就是一个控制欲极强的女人：衣食住行，样样都要按照她决定的来，跟踪、翻日记、偷看聊天记录这种事更是家常便饭。凡事不允许有一点反对意见。稍有不顺心就或是冷暴力，或是大吵大闹。对女儿英子是这样，对前夫乔卫东也是这样。按照乔卫东的话说，宋倩管自己就像管儿子一样。这种强烈的控制欲带给乔卫东的，除了窒息，还有恐惧。所以在他们发生误会时，乔卫东放弃了本可以解释的机会，用离婚的方式逃离了宋倩。

食物闷久了会变质，婚姻也一样。打着“我是为你好”的旗号干涉对方的选择，侵犯对方的隐私，只会让对方觉得厌烦和喘不过气。每个人都需要有一个相对独立的空间，聪明的女人，懂得适度放开手，尊重对方的私人领域。

就像在综艺《女神来了》中，在听到奚梦瑶说“我希望对方所有的事情都按照我的方式来”时，刘嘉玲给出的那句建议：“最完美的控制，就是不控制。”

“我是爱你的，你是自由的。”

把最坏的脾气留给最爱的人

身边的男同事曾经开玩笑地说，结婚以后困扰他最深的问题就是：老婆为什么生气了，老婆为什么又生气了，老婆为什么还在生气。

“特别容易跟爱人生气”这大概是所有女人的通病：对方没及时接电话会生气，送的礼物不满意会生气，没理解自己的意思也会生气……甚至完全没有理由，只是心情不好时恰好看到了对方的脸，也可以对他发一顿脾气。事后女生也会觉得非常后悔，想不通当时自己是在做什么，觉得自己怎么这么作。但是等下一次情绪上来，又是重复上次的过程。

把最坏的脾气留给最亲的人，归根结底是因为仗着对方的包容肆无忌惮。总是觉得我们的关系是密不可分的，无论怎样伤害对方都能得到原谅。但是人的包容是有限度的，纵然是亲人，被一次次伤害后也会觉得心寒，更何况是没有血缘关系的伴侣。一不顺心就吵架，一吵架就提离婚，时间长了，脾气再好的人也会觉得不耐烦。当一方觉得婚姻中的相处是一种忍受时，这段关系也就离结束不远了。

不要觉得“我是跟你熟才对你发脾气”，越是亲密的关系，越需要小心翼翼地维持。

没有不幸的婚姻，只有不幸的夫妻。一对对夫妻怀着对婚姻的无比美好的憧憬走入婚姻的殿堂，可最终很多人却失望了，于是他们责怪婚姻，说婚姻是爱情的坟墓，而其实真正要怪的其实是他们自己。结婚之前觉得，有情饮水饱，只要有爱就能克服一切困难。但是等到真正结婚之后发现，空有爱而不懂相处，最后只能像是两只刺猬硬要抱在一起取暖一样，双方都被扎得遍体鳞伤。

想要婚姻长久保鲜，就一定要牢记：有些事不能做，有些禁忌不能触碰。

保持清醒，保持独立，保持平和。

图书在版编目（CIP）数据

余生，你要活得贵一些 / 读者君编著. -- 北京：中国工人出版社，2021.4
ISBN 978-7-5008-7631-1

Ⅰ. ①余… Ⅱ. ①读… Ⅲ. ①散文集—中国—当代 Ⅳ. ①I267

中国版本图书馆CIP数据核字（2021）第050149号

余生，你要活得贵一些

出 版 人　王娇萍
责任编辑　董　虹　董佳琳
责任印制　栾征宇
出版发行　中国工人出版社
地　　址　北京市东城区鼓楼外大街45号　邮编：100120
网　　址　http://www.wp-china.com
电　　话　（010）62005043（总编室）　（010）62005039（印制管理中心）
　　　　　（010）62004005（万川文化项目组）
发行热线　（010）62005996　82029051
经　　销　各地书店
印　　刷　北京盛通印刷股份有限公司
开　　本　880毫米×1230毫米　1/32
印　　张　10.75
字　　数　200千字
版　　次　2021年5月第1版　2021年5月第1次印刷
定　　价　46.00元